Genossenschaftliche Zeit- und Streitfragen
herausgegeben von
Ludolf Parisius.
Heft 1.

Kreditgenossenschaften

nach Schulze-Delitzsch.

Genossenschaftliche Aufsätze

herausgegeben

von

Ludolf Parisius.

Berlin SW. 48.
Wilhelmstraße 119/120
J. Guttentag, Verlagsbuchhandlung.
1895.

Vorwort.

Im September 1894 ersuchte mich der Verleger des Hannoverschen Tageblattes, Herr Buchdruckereibesitzer H. Schlüter, für diese Zeitung von Zeit zu Zeit belehrende Aufsätze über Genossenschaftswesen zu schreiben. Obschon ich nicht ohne Zweifel war, ob es in der gegenwärtigen Zeit möglich sein werde, Zeitungsleser für längere belehrende Aufsätze über Genossenschaftswesen zu interessiren, erklärte ich mich dazu bereit, jedoch mit dem Vorbehalt, beim Mangel an Zeit genossenschaftliche Freunde zur Mitarbeit zu gewinnen.

Diese Schrift enthält diejenigen unserer vom Oktober 1894 bis Mai 1895 im Hannoverschen Tageblatte veröffentlichten Aufsätze, die sich auf Kreditgenossenschaften beziehen. Die Aufsätze sind von Herrn Dr. Crüger und mir verfaßt. Das Inhaltsverzeichniß nennt den Verfasser und die Zeit der ersten Veröffentlichung. Nur der letzte Aufsatz (die Replik) ist erheblich abgekürzt, die anderen sind meist unverändert wiedergegeben.

Wir sind der Meinung, daß diese Aufsätze geeignet sind, unter Mitgliedern und Nichtmitgliedern der auf Selbsthülfe gegründeten Erwerbs- und Wirthschaftsgenossenschaften eine bessere Kenntniß zu verbreiten über die von Schulze-Delitzsch gegründete und geleitete Organisation der Genossenschaften sowie über dasjenige, was die Kreditgenossenschaften nach Schulze-Delitzsch leisten sollen, wollen und zum Theil bereits leisten. Wenn diese Schrift Beifall findet, so sollen ihr noch mehrere über andere Arten Genossenschaften nachfolgen. Wir haben sie deshalb als Nr. 1 einer Sammlung „Genossenschaftlicher Zeit- und Streitfragen" bezeichnet.

Charlottenburg, 27. Mai 1895.

Ludolf Parisius.

Inhaltsverzeichniß.

Zur Einleitung.

Aus einem Aufsatze: „Die Ziele der Erwerbs- und Wirthschaftsgenossenschaften" von Dr. Hans Crüger.

. . . . . . „Es lassen sich nicht Gesetze geben, welche die Menschen zwingen, sparsam, mäßig, gottesfürchtig zu sein; der Haupttheil der Arbeit in dieser Beziehung wird der werkthätigen Kraft des Einzelnen zu überlassen sein, und man wird sich darauf beschränken müssen, ernstere Hindernisse, welche der Wirksamkeit dieser Arbeit entgegenstehen, zu beseitigen." Mit diesen Worten eröffnete der Handelsminister Graf Itzenplitz die im Jahre 1865 einberufene Koalitions-Kommission. Das ist es, worauf es im wirthschaftlichen Leben der Völker hauptsächlich ankommt: Die Bethätigung der werkthätigen Kraft des Einzelnen. Und an dieser Bethätigung in der rechten Form mangelt es heute leider noch vielfach.

— — — — — — — — — — — — — — — —

Es ist das unsterbliche Verdienst Schulze-Delitzsch's, den Handwerkern, Landwirthen, Gewerbetreibenden aller Art und den Arbeitern den Weg gezeigt zu haben, auf dem auch der wirthschaftlich Schwächste unter ihnen die wirthschaftliche Stärke finden kann, welche nothwendig ist, um mit Erfolg den wirthschaftlichen Wettstreit, um nicht zu sagen Kampf, aufzunehmen, den Weg, auf dem ein jeder sich die Vortheile der heutigen gewaltigen wirthschaftlichen Entwickelung zugänglich machen kann — es ist der Weg der freien, auf Selbsthülfe beruhenden Genossenschaft.

— — — — — — — — — — — — — — — —

Vor 45 Jahren wurde von Schulze-Delitzsch die erste Genossenschaft gegründet, in einer Zeit, die in wirthschaftlicher Beziehung manche Aehnlichkeit mit der heutigen aufweist. . . . .

Die Handwerker hatten damals erkannt, daß wichtiger als Befähigungsnachweis und Innung für sie war, das zum Betrieb nothwendige Kapital zu erhalten. Zu dessen Beschaffung war ihr Sinn aber auf die Errichtung von Staats- und Kommunalbanken gerichtet, und es bildeten sich zahlreiche „Darlehnskassenvereine", die fast ausschließlich ihre Mittel aus Geschenken und Unterstützungen bezogen und daher bald den Charakter von Wohlthätigkeitsanstalten annahmen. Inzwischen hatte in dem Städtchen Delitzsch der dortige Patrimonialrichter Hermann Schulze in den Nothjahren sein Organisationstalent bewährt. Hier und besonders als Vorsitzender der von der preußischen Nationalversammlung eingesetzten Kommission für die Gewerbe- und Handwerksverhältnisse hatte er die Bedürfnisse der Handwerker zur Genüge kennen gelernt; er hatte dabei erkannt, daß dem Handwerker nur die Hebung der eigenen Konkurrenzfähigkeit helfen könne, und daß dieses Ziel nur zu erreichen sei durch genossenschaftliche Organisation ihres Geschäftsbetriebes. Schulze fing damit an, in zwei Gewerben — Schuhmacher und Tischler — die Handwerker zum gemeinschaftlichen Einkauf ihrer Rohstoffe und Halbfabrikate zu vereinigen, und er gründete zu diesem Zweck eine Genossenschaft der Schuhmacher und eine solche der Tischler. Bald folgten ähnliche Genossenschaften in den Nachbarstädten. Den ersten Vorschußverein rief Schulze erst im Jahre 1850 ins Leben; derselbe unterschied sich von den erwähnten Darlehnskassenvereinen dadurch, daß die Genossenschaft vollkommen selbständig gestellt wurde, daß die Darlehnsnehmer Mitglieder werden mußten und so die Träger der Kreditgenossenschaften wurden. Hierin liegt der Grundgedanke, das Wesen der Kreditgenossenschaften. Zunächst hatte die Genossenschaft an Kapitalmangel zu leiden. Erst als Schulze diesem Vorschußverein im Jahre 1852 als Grundlage die unbeschränkte Haftpflicht seiner Mitglieder für alle Verbindlichkeiten der Genossenschaft gab, waren alle Schwierigkeiten überwunden, gewann die Genossenschaft mit Leichtigkeit die zur Befriedigung des Kreditbedürfnisses erforderlichen Mittel. Mit der unbeschränkten Haftpflicht war der Grundstein zur Entwicklung des deutschen Genossenschaftswesens, zu seiner heutigen Blüthe gelegt. Nun entstanden auf dieser Haftpflicht in zahlreichen Städten Rohstoffvereine der Handwerker und Kreditgenossenschaften.

— — — — — — — — — — — — — — — —

Nach zehnjähriger rastloser Thätigkeit, als schon mehrere Hundert Genossenschaften bestanden, wollte Schulze zum ersten Male einen Kongreß deutscher Genossenschaften abhalten. Er lud dieselben im Jahre 1859 nach Dresden ein, doch — die sächsische Regierung verbot die Zusammenkunft. In Weimar fanden die Genossenschaften eine gastliche Stätte und dort wurde der deutsche Genossenschaftsverband gegründet, welcher heute die Bezeichnung „Allgemeiner Verband deutscher Erwerbs- und Wirthschaftsgenossenschaften“ führt.

— — — — — — — — — — — — — — — —

Ueberall hören wir im Handwerk, in der Landwirthschaft, im kleinen Handelsstande Klagen über die mangelnde Befriedigung des Kreditbedürfnisses. An die Reichsbank werden die weitgehendsten Ansprüche gestellt, von dem Staat wird die Errichtung von Kreditkassen mit staatlicher Unterstützung gefordert. Und doch vermag ein jeder selbst sein Kreditbedürfniß zu befriedigen, wenn er sich an eine Kreditgenossenschaft anschließt, oder wo eine solche fehlt, die Gründung derselben betreibt.

Was ist die Kreditgenossenschaft? Sie ist die Vereinigung der Kreditbedürftigen, sie ist die Ausgleichstelle für Geldüberfluß und Geldbedarf im Arbeiter- und Mittelstande, sie ist die Sparkasse dieser Stände, in ihr werden die Mitglieder zur Ordnung und Pünktlichkeit erzogen, zur Sparsamkeit angehalten, sie gehört ihren Mitgliedern, und wächst sie zum großen Bankinstitut heran, so bleibt sie unter bewährter Leitung immer eine Genossenschaft, die den Kleinen und Kleinsten im Erwerbsleben die Möglichkeit bietet, sich emporzuarbeiten, sich an und in ihr aufzurichten. Die Kreditgenossenschaft ist die Personalgesellschaft von nicht geschlossener Mitgliederzahl, bestimmt, das Kreditbedürfniß der Mitglieder möglichst billig zu befriedigen.

Der einzelne Handwerker ist freilich oft genug nicht in der Lage, das erforderliche Betriebskapital zu erhalten, er fällt in die Hände des Geld- und, was noch gefährlicher ist, des Waaren-Wucherers, denn die Großbanken vermögen aus verschiedenen Gründen nicht mit ihm in Geschäftsverbindung zu treten. Diese traurige Lage des Einzelnen ändert sich sofort, wenn er sich mit anderen verbindet, um mit ihnen gemeinsam auf genossenschaftlicher Grundlage den nothwendigen Kredit zu suchen. Die Genossenschaft wird dann die Vermittlerin zwischen ihren Mitgliedern und der Bank; als Mitglied der Genossenschaft findet jeder den Kredit, dessen er würdig ist.

— — Und ebenso verhält es sich mit dem Bauernstande, dem landwirthschaftlichen Kleinbetriebe.

— — — — — — — — — — — — — — —

Charlottenburg, Oktober 1894.

Die von Schulze-Delitzsch gegründete und geleitete Organisation der Genossenschaften.

I.

Der allgemeine Verband der auf Selbsthülfe beruhenden Erwerbs- und Wirthschaftsgenossenschaften.

Die erste Zusammenkunft deutscher Vorschuß- und Kreditvereine zu Weimar (Pfingsten 1859) brachte die Genossenschaftsbewegung schnell in Fluß. Auch die um dieselbe Zeit in allen Theilen Deutschlands wieder aufgenommene, auf Herstellung des deutschen Bundesstaates gerichtete Bewegung kam ihr zu statten. Beiläufig bemerkt gab der Weimarer Genossenschaftstag Veranlassung zu jenen politischen Zusammenkünften in Eisenach, die zu näheren Beziehungen Schulze-Delitzsch's zu Hannoverschen Liberalen, dem jetzigen Oberpräsidenten von Bennigsen und dessen Freunden, und sodann zur Gründung des deutschen Nationalvereins führten.

Auf dem dritten Genossenschaftstage zu Halle a. d. S. (Pfingsten 1861) wurde ein aus fünf Begründern und Direktoren von Genossenschaften, darunter einer Rohstoffgenossenschaft, bestehender engerer Ausschuß gewählt und dem „Anwalt" Schulze-Delitzsch als Beirath zur Seite gestellt. In demselben Jahre wurde das aus vieljährigen Berathungen hervorgegangene deutsche Handelsgesetzbuch dem preußischen Landtage vorgelegt und von ihm genehmigt. Es erlangte am 1. Mai 1862 in dem damaligen Umfange der preußischen Monarchie Gesetzeskraft. Die Erwerbs- und Wirthschaftsgenossenschaften, deren 1861 in Deutschland etwa 370 (260 Kreditvereine und 110 Rohstoff- und Magazingenossenschaften) bestehen mochten, waren unter keiner der im Handelsgesetzbuche behandelten Gesellschaften unterzubringen und entbehrten nach wie vor des gesetzlichen Schutzes. Schulze-Delitzsch, seit 1861 Mitglied des preußischen Abgeordnetenhauses, legte dem vierten Genossenschaftstage in Potsdam 1862 den Entwurf eines preußischen Genossenschaftsgesetzes vor, der abweichend von einem früheren der englischen Gesetzgebung nachgebildeten Entwurf, sich an das deutsche Handelsgesetzbuch anschloß und die Genossenschaften durch Eintragung in ein Genossenschaftsregister und durch die Gewährung der Rechte selbstständiger handelsrechtlicher Personen den Handelsgesellschaften gleichstellte. Der Gesetzentwurf wurde im März 1863 in das preußische Abgeordnetenhaus eingebracht, von einer Kommission, deren Referent ich war, durchberathen und zum Theil umgearbeitet. Der Entwurf kam nicht ins Plenum, da das Abgeordnetenhaus aufgelöst wurde.

Der Handelsminister Graf Itzenplitz hatte zuvor feierlich die bisherige Wirksamkeit der Genossenschaften als wohlthätig und namentlich für Arbeiter und kleine Handwerker segensreich anerkannt und versprochen, in der nächsten Session einen Entwurf vorzulegen, der den Genossenschaften die Rechtsfähigkeit sichere. Das Versprechen wurde zwei Sessionen hindurch nicht gehalten. Der Konflikt zwischen Abgeordnetenhaus und Ministerium hatte größere Dimensionen angenommen, und es schien wenig Aussicht auf Erfolg in einer Sache, in der man auf den guten Willen der Regierung angewiesen war. Vor wenigen Jahren erst ist durch Poschinger's Veröffentlichungen über Fürst Bismarcks Wirthschaftspolitik urkundlich nachgewiesen, daß dieser damals, durch Justizrath Wagner und Lassalle auf sozialistische Bahnen gelenkt, Berathungen über Altersversorgungsanstalten für Arbeiter anordnete, und im Anschluß an Pläne und Versuche konservativer politischer Vereine direkte Einwirkung der Staatsregierung zu Gunsten von Handwerkern und Arbeitern im Gegensatz zur Selbsthülfe der Genossenschaften betrieb, auch kleine Produktivgenossenschaften unter landräthlicher Aufsicht mit erheblichen Geldunterstützungen ins Leben rief und bis zu ihrem Zusammenbruche unterhielt. Im Widerspruch zu Bismarck's Aeußerungen erklärte 1865 der konservative Handelsminister Graf Itzenplitz bei Gelegenheit der Berathungen über die von Schulze-Delitzsch beantragte Aufhebung der Koalitionsbeschränkungen, durch die Wegräumung dieser Schranken könne die Lage der arbeitenden Klassen nicht erheblich verbessert werden; er werde aber in einer besonderen Kommission erörtern, in wie weit durch positive Mittel, insbesondere durch Förderung des Genossenschaftswesens dieser Erfolg zu erstreben sei. Poschinger veröffentlicht ein Schreiben Bismarck's an den Handelsminister, der Schulze-Delitzsch in diese Kommission berufen wollte, worin Bismarck die durchaus unrichtige Behauptung aufstellt, die ganze agitatorische Wirksamkeit Schulze's sei überwiegend darauf gerichtet, politischen Einfluß auf die Arbeiter und Handwerker zu gewinnen.

Die Koalitionskommission trat Ende August 1865 ohne Schulze-Delitzsch zu derselben Zeit zusammen, als der siebente Genossenschaftstag in Stettin tagte. Die Vorlage der Regierung an die Kommission veranlaßte den Genossenschaftstag zur einstimmigen Annahme einer von mir eingebrachten Resolution, in deren letztem Satz ausgesprochen war: **alle Versuche der Staatsregierungen, die auf Selbsthülfe beruhenden Genossenschaften im Allgemeinen oder innerhalb einer einzelnen Berufsklasse durch positive Einmischung fördern zu wollen, müßten als ihnen schädlich zurückgewiesen werden.** Die Koalitionskommission sprach hierauf mit allen gegen 5 Stimmen den Wunsch aus, die Regierung möge auf das baldige Zustandekommen eines Genossenschaftsgesetzes hinwirken, im Uebrigen den Genossenschaften möglichst freie Bewegung gestatten.

Dennoch bedurfte es erst des Krieges von 1866, um ein preußisches Genossenschaftsgesetz zu Stande zu bringen. Aber noch bei der Berathung dieses Gesetzes warfen im preußischen Herrenhause konservative Abgeordnete der Regierung vor, sie habe einen Gesetzentwurf angenommen, den schließlich ein Feind der Regierung auf Tod und Leben ihr oktroyirt habe und nun verlangen sie von ihren besten Freunden auf Tod und Leben, daß sie diesen Entwurf zum Gesetz erhöben! Heute weiß jedermann, daß Schulze-Delitzsch von Anfang seiner Thätigkeit an sein ganzes Leben lang aus innerster Ueberzeugung den Grundsatz vertreten hat, daß die Genossenschaften sich von politischen oder religiösen Bestrebungen durchaus fernhalten müßten und daß dies zu ihrem Gedeihen ebenso nothwendig sei, wie die Ablehnung von Unterstützungen durch Staat und Gemeinde.

Mißtrauen mochte es erregen, daß Schulze damals in wenigen Jahren eine Organisation hergestellt hatte, in der sich die weitaus größte Mehrheit der wie Pilze aus der Erde schießenden Genossenschaften vereinigte. Aus dem 1860 begründeten Zentral-Korrespondenzbureau wurde 1861 die Anwaltschaft unter Schulze's Leitung. Die ihr angeschlossenen Vereine waren verpflichtet, einen Beitrag zu entrichten und das Organ des Bureaus, die „Innung der Zukunft", die damals als Monatsblatt in einem Bogen erschien, auf ihre Kosten zu halten. 1861 wurden die ersten drei Unterverbände begründet und drei Jahre später auf dem sechsten Genossenschaftstage in Mainz, als schon 14 Unterverbände vorhanden waren, auf Schulze-Delitzsch's Vorschlag das „organische Statut" angenommen, das die Grundlage der noch heute geltenden Organisation bildet und Muster für manche ähnliche gemeinnützige Vereinigungen geworden ist.

Sämmtliche deutsche Genossenschaften, die auf dem Prinzip der Selbsthülfe der Mitglieder in Wirthschaft und Erwerb beruhen, waren befugt, dem allgemeinen Verbande beizutreten. Ohne Ausschluß anderer neuer Formen galt dies besonders von den Vorschuß- und Kreditvereinen, den Genossenschaften in einzelnen Erwerbszweigen (Rohstoff-, Magazin- und Produktiv-Genossenschaften) und den Konsumvereinen. Ohne Deutsch-Oesterreich mochten damals Vorschußvereine 600, Genossenschaften in einzelnen Erwerbszweigen 150, Konsumvereine 60 bestehen. Die höchste Instanz für die Verbandsangelegenheiten bildete der allgemeine Vereinstag. Seine Beschlüsse über Zweckmäßigkeit oder Unzweckmäßigkeit von Einrichtungen galten nur als Rath und Empfehlung; sein Einfluß sollte keinenfalls auf Nöthigung, sondern allein auf das Gewicht der Gründe gestellt sein. Organe des Verbandes waren der auf Kündigung gewählte besoldete Anwalt mit seinem Bureau, dann der engere Ausschuß, bestehend aus Direktoren der Landes- und Provinzial-Unterverbände und diese Verbände.

Bis zur vollständigen Einführung der Unterverbände in ganz Deutschland sollte dem Vereinstage zustehen, dem engeren Ausschusse noch einige Vorsteher von Vereinen beizugeben, die noch keinem Unterverbande angehören konnten. Zu den Pflichten des Anwalts gehörte Vertretung des Genossenschaftswesens durch Wort und Schrift auch der Gesetzgebung und den Behörden gegenüber; Förderung der einzelnen Genossenschaften mit Rath und That durch Belehrung, Auskunftsertheilung; Entwurf und Revision von Statuten; Redaktion und Herausgabe des Organs (Innung der Zukunft), endlich aber die Aufstellung einer möglichst genauen Statistik über Einrichtungen, Resultate und Ausbreitung der Vereine zum Behuf des Austausches und Vergleichs der gemachten Erfahrungen und Ermöglichung einer Kritik darüber. Auf die Statistik als nothwendig zur gegenseitigen Förderung durch Austausch der Erfahrungen legte Schulze-Delitzsch von Anbeginn seiner Thätigkeit den höchsten Werth. Den Vereinen wurde im organischen Statut die Verpflichtung auferlegt, alljährlich genaue Rechenschaftsberichte und nach den ihnen zugesandten Formularen ausgefüllte Tabellen darüber dem Anwalt behufs Aufstellnng der statistischen Uebersichten einzusenden. Die Tabellenformulare wurden fortwährend verbessert und erweitert. Schulze hob oft mit Stolz hervor, daß die Berufsstatistiker in und außer Deutschland seine Privatarbeiten als unübertroffen bezeichneten. Die alljährlich, seit 1859 als selbständige Schriften erscheinenden Jahresberichte wuchsen von einem Büchelchen in kleinem Oktav zu einem großen Tabellenwerk in Riesenformat. Die statistische Tabelle über die Kreditvereine brachte 1857 von 22 Kreditvereinen die Ergebnisse in 11 Spalten. Für 1882, dem letzten, von Schulze selbst herausgegebenen Jahresbericht umfaßte sie die Abschlüsse von 902 Kreditvereinen in 55 Spalten; der Jahresbericht für 1893 bringt die Abschlüsse von 1038 Kreditgenossenschaften in 58 Spalten. So war, wie Schulze in seinen Jahresberichten hervorhob, in seiner Organisation ohne Eingriff in die freie Bewegung der einzelnen Vereine „ein Mittelpunkt geschaffen zum Austausch der gemachten Erfahrungen, zur Läuterung des sich immer mehr anhäufenden Materials, zu Rath und Hülfe jedem Angriff, jeder Verlegenheit der einzelnen Glieder gegenüber, zum machtvollen Zusammenfassen der Einzelkräfte behufs Verfolgung und Wahrung gemeinsamer Interessen, zur Abwehr und zum geschlossenen Zusammenstehen endlich drohenden Lagen und Gefahren gegenüber".

Die öffentliche Darlegung aller Verhältnisse der Genossenschaften trug jedenfalls wesentlich dazu bei, daß Regierung und Volksvertretung in Preußen bald allgemein die Nothwendigkeit eines besonderen Genossenschaftsgesetzes anerkannten. Das preußische Genossenschaftsgesetz vom vom 27. März 1867 wurde kurz darauf in die mit der preußischen Monarchie im Jahre 1866 vereinigten Territorien eingeführt. Wenige Monate später brachte Schulze als Mitglied des norddeutschen Reichstages das preußische Gesetz mit geringen Abweichungen als Antrag in den Reichstag ein. In dem Motive konnte er mit Recht hervorheben, daß die Nothwendigkeit und Dringlichkeit der gesetzlichen Regelung der privatrechtlichen Stellung der Genossenschaften, ebenso wie ihre Bedeutung für den kleinen Gewerbsstand und die arbeitenden Klassen allgemein anerkannt würde und in mehreren deutschen Staaten zur Einordnung der Genossenschaften in das System des Gesellschaftsrechts des allgemeinen deutschen Handelsgesetzbuches geführt habe; man dürfe eine zum Gemeinwohl in so naher Beziehung stehende Bewegung, für welche in gemeinsamer Arbeit von nahezu zwei Jahrzehnten seitens einer Menge einsichtiger Männer sich die geschäftliche Organisation praktisch herausgebildet habe, nicht gesetzgeberischen Experimenten preisgeben, wie sie bereits hier und da (in Bayern, Hessen-Darmstadt und Königreich Sachsen) in völliger Verkennung der Rechts- und Sachlage zur Vorlage gebracht würden." Das Genossenschaftsgesetz für den norddeutschen Bund vom 4. Juli 1868 ward in kürzester Zeit festgestellt, trat am 1. Januar 1869 im norddeutschen Bund in Kraft und wurde nach 1870 auch in den süddeutschen Staaten eingeführt.

II.

Die Unterverbände, ihre Aufgaben und Leistungen.

Im weiteren Fortgang der Genossenschaftsbewegung stellte sich mehr und mehr die Bedeutung der Unterverbände heraus: „Wir hätten ohne die Unterverbände vieles nicht erreicht, was uns vorwärts gebracht hat", sagte Schulze 1881 auf dem Genossenschaftstag zu Kassel. „Die Spezialgesetzgebung, die früher noch mehr in die Thätigkeit der Vereine eingriff, drängte zu einer Gruppirung derselben nach Staaten, ja selbst nach Provinzen, indem gewisse Provinzial-Verschiedenheiten auch verschiedene Einrichtungen erforderten. Auch war der allgemeine Verband zu groß, um es der Zentralstelle zu ermöglichen, ohne Vermittlung der Unterverbände mit den einzelnen Vereinen den nothwendigen Verkehr zu unterhalten. Es bedurfte einer provinziellen Organisation ohne das allen Vereinen nothwendig Gemeinsame aus dem Auge zu lassen. Beim Anwalt fließt das ganze Material zusammen, hier sind Rechtsgutachten zu ertheilen, organisatorische Fragen zu beantworten u. s. w. Aber der Anwalt muß auch von den Vereinen lernen, indem er mit ihnen zusammen tagt u. s. w."

Die Unterverbände umfaßten anfänglich alle Genossenschaften gleichviel welcher Art, die in dem Bezirke bestanden und sich der Schulze'schen Organisation anschlossen. Von vornherein überwogen aber die Kreditvereine, da die genossenschaftliche Bewegung in betreff der Rohstoff-, Magazin- und Produktivgenossenschaften wenig vorschritt; später schlossen sich einzelnen Unterverbänden die seit 1866 in größerer Zahl nach englischen Mustern entstandenen Konsumvereine an. Im organischen Statut war den Unterverbänden die Aufgabe gestellt, einen steten Verkehr mit der Anwaltschaft und dem allgemeinen Vereinstage zu unterhalten, engere Geschäftsverbindungen anzubahnen, die gemachten Erfahrungen untereinander auszutauschen, die Sonderinteressen der Vereine des Bezirks gemeinsam wahrzunehmen und den Anwalt und den engeren Ausschuß zu unterstützen, besonders bei Einziehung der statistischen Nachrichten und Kostenbeiträge und, wenn es galt, den Beschlüssen der allgemeinen Vereinstage (Genossenschaftstag) Folge zu geben. Die Unterverbände konstituirten sich nach einem vom Anwalt und vom Genossenschaftstage zu genehmigenden Statut und traten durch Deputirte alljährlich zu einem Unterverbandstage zusammen, dessen Beschlüsse ebensowenig wie die des Genossenschaftstages, der Selbständigkeit der einzelnen Vereine zu nahe treten durften.

Auf einer Reihe von Genossenschaftstagen veranlaßte Schulze Beschlüsse zur besseren Ausgestaltung der Unterverbände, deren Direktoren jetzt ausschließlich den engeren Ausschuß bildeten. Bei der Ungleichheit der Leistungsfähigkeit der Verbände wurde bald eingeführt, daß die Verbandsdirektoren zum Besuch der Genossenschaftstage Reisekosten und Tagegelder aus der Kasse des allgemeinen Verbandes erhielten. Daß sie verpflichtet wurden, die Genossenschaftstage zu besuchen, war für das Aufblühen der Unterverbände von günstigem Einfluß. Abgesehen von den Verhandlungen in den Sitzungen des engeren Ausschusses und in den Hauptversammlungen mußte der mehrtägige persönliche Verkehr unter einander belehrend und fördernd auf die Verbandsdirektoren wirken, die aus allen Gauen Deutschlands zu den unter Wechsel zwischen Nord-, Süd- und Mitteldeutschland in den verschiedensten Gauen des Reiches abgehaltenen Genossenschaftstagen zusammenkamen und den verschiedensten Berufsständen angehörten. Schon 1865 wurde den Unterverbänden auferlegt, die Anwaltschaft bei Aufstellung des statistischen Jahresberichts durch schleunige Einsendung der tabellarischen Rechnungsabschlüsse den Verein zu unterstützen. Schulze erklärte dabei für unbedingt nöthig, daß die Verbandsdirektoren, wie bereits mehrere thaten, aus den Abschlüssen dieser Tabellen die Zahlen über ihre Verbandsvereine für die Unterverbandstage zusammenstellten. Nach einem späteren Regulativ erhielt jeder Verein drei Tabellenformulare, von denen er nach Feststellung der Jahresrechnung durch die Generalversammlung je eins an den Anwalt und den Verbandsdirektor sandte und das dritte bei den eigenen Akten aufbewahrte. Den Vereinen, die rechtzeitig die ausgefüllte Tabelle eingesandt hatten, wurde auf Kosten des allgemeinen Verbandes ein Exemplar des großen Jahresberichts unentgeltlich zugetheilt. Dadurch erwuchsen freilich erhebliche Kosten für die allgemeine Kasse, in späteren Jahren bis 6000 M. jährlich. Verbandsdirektoren, die ihr Ehrenamt im Geiste Schulzes auszufüllen bestrebt waren, fügten der aus den statistischen Tabellen des Jahresberichts gefertigten Zusammenstellung des Geschäftsresultats ihrer Verbandsvereine neue Spalten hinzu, in denen sie über die aus der Tabelle erkennbaren Einrichtungen und Leistungen zur Erleichterung der Vergleichung Verhältnißzahlen (Prozentsätze) berechneten; auch verarbeiteten sie dies Material in besonderen Verbands-Jahresberichten und legten diese, wie die tabellarische Zusammenstellung zu den Verbandstagen gedruckt ihren Vereinen vor. Ueber die Verbandstage veröffentlichten sie gedruckte rein sachliche Berichte, die den vom Anwalt alljährlich über die Genossenschaftstage verfertigten und versandten Mittheilungen nachgebildet waren.

Rastlos war Schulze-Delitzsch Jahr aus, Jahr ein bemüht, Leiter und Mitglieder seiner Genossenschaften mit Hülfe der Unterverbände zur Selbsthülfe zu erziehen. Das Vertrauen, das den nach Schulze's Anleitung entstandenen Genossenschaften entgegengebracht wurde, bewirkte in vielen Vorschußvereinen ein sprunghaftes Anwachsen der Geschäfte, welche die Leiter — zumeist kleine Gewerbtreibende, Handwerker, Subalternbeamte, Lehrer ohne kaufmännische Vorbildung — ordnungsmäßig in Mußestunden zu bewältigen nicht im Stande waren. Schulze trat überall für den Grundsatz Leistung um Gegenleistung ein, also bei Genossenschaften dafür, daß die Vorstandsmitglieder eine angemessene Entschädigung für solche Leistungen erhalten sollten, welche über dasjenige hinausgehen, was man an gemeinnütziger Thätigkeit billiger Weise von einem guten Bürger verlangen kann. Aus den Vorstandsmitgliedern im Nebenamte wurden hinreichend entschädigte Berufsvorsteher. Auch ihnen gegenüber artete das Vertrauen der Mitglieder oft in Vertrauensdusel aus. Nur zu leicht ließen sich dadurch die Vorstände in den Zeiten des Geldüberflusses verleiten, alles in Form von Spareinlagen und Depositen zuströmende Geld anzunehmen und unter Ueberschreitung der natürlichen Grenzen, die einer Kreditgenossenschaft der kleineren und mittleren Gewerbetreibenden mit Solidarhaft gesteckt sind, überflüssige Gelder in Effekten mit schwankendem Kurs anzulegen oder an Großindustrielle gegen ungenügende Sicherstellung auszuleihen oder wohl gar Realkredit zu gewähren, schlechte Hypotheken zu erwerben und zur Rettung von Hypothekenforderungen die verpfändeten Grundstücke zu kaufen. Der Wunsch, einen erklecklichen Reingewinn zu erzielen, den Mitgliedern gute Dividende zu geben, verleitete zu unsicheren Anlagen, für welche höhere Zinsen gezahlt werden und gleichzeitig zur Vernachlässigung der Ansammlung eines hohen eigenen Vermögens in dividendenberechtigten Guthaben und Reserven.

Als durch das Genossenschaftsgesetz eine strenge Scheidung des früheren Verwaltungsausschusses in einen Vorstand als verwaltendes und einen Aufsichtsrath als kontrolirendes Organ nöthig wurde, vernachlässigte der Aufsichtsrath recht häufig die Kontrole. Durch die Verhandlungen auf den Unterverbandstagen traten oft grobe Fehler in der Geschäftsleitung einzeluer Vereine zu Tage. Die von Schulze in seinen Büchern und seiner Zeitschrift und in den Mittheilungen über die Genossenschaftstage niedergelegten Mahnungen und Warnungen wurden vom Vorstande nicht beachtet und waren dem Aufsichtsrath und den Genossen nicht bekannt. Bald galt es eine bessere Einsicht beizubringen, bald die Befolgung des als gut Erkannten durchzusetzen. Wo die Verbandsdirektoren, wie leider öfter vorkam, in ihren eigenen Vereinen Schulze's Lehren nicht folgten, ließ sich auf die Vereine ihres Verbandes keine günstige Einwirkung erzielen. Schulze setzte wiederholt zur Bekehrung oder Besserung auf Abwege gerathener Verbandsdirektoren warnende Beschlüsse von Genossenschaftstagen durch. Aber auch tüchtige Verbandsdirektoren waren oft nicht genügend unterrichtet von Mißständen der einbezirkten Vereine. Ueber das, was nicht aus den Geschäftsberichten oder den statistischen Tabellen zu entnehmen war, konnten sie nur durch direkte Mittheilungen Kenntniß erhalten. Als aufklärend und belehrend wurden auf den Verbandstagen die Umfragen eingeführt; im Voraus bestimmte spezielle Fragen über Einrichtungen oder Geschäftsgebahrung, wurden der Reihe nach von allen Vertretern beantwortet und so das thatsächlich in den einbezirkten Vereinen Bestehende ermittelt, um dann zur Erörterung gezogen zu werden. Bei den Umfragen wurde das Augenmerk vornehmlich darauf gerichtet, festzustellen, ob die Beschlüsse der Genossenschaftstage und Unterverbandstage befolgt seien. Es handelte sich dabei zu ermitteln, ob veraltete, geschäftlich tadelnswerthe, aus der Zeit vor dem Genossenschaftsgesetz stammende Gepflogenheiten (z. B. Kreditgewährung an Vorstandsmitglieder) oder gewisse nach Erlaß des Genossenschaftsgesetzes nicht mehr zulässige Einrichtungen, wie die Beleihung der Guthaben der Mitglieder, noch im Gebrauch seien, ferner aber, ob Einrichtungen, die nach gründlichen, unter der Betheiligung des Anwalts stattgehabten Untersuchungen und Berathungen von Verbänden und Genossenschaftstagen empfohlen waren, wirklich eingeführt worden seien. In letzterer Beziehung sind die von den Generalversammlungen zu genehmigenden Geschäftsinstruktionen für den Aufsichtsrath, sowie das auf dem Genossenschaftstage zu Stuttgart 1876 empfohlene sogenannte Stuttgarter Schema über die jährlichen Geschäftsberichte der Vereine zu erwähnen.

Bei Verlusten und Zusammenbrüchen, von denen zur Zeit der großen wirthschaftlichen Krisis in der Mitte der siebziger Jahre auch Kreditvereine des Schulze'schen Verbandes betroffen wurden, stellte sich öfters heraus, daß die Aufsichtsräthe von dem Verbande, seinen Einrichtungen und Beschlüssen wenig oder gar nichts wußten. Es wurde deßhalb auf Anregung Schulze's auf dem Genossenschaftstage in Wiesbaden 1877 den Vereinen unter anderem angerathen, die Unterverbandstage und Genossenschaftstage nicht bloß durch Vorstandsmitglieder, sondern auch durch Mitglieder des Aufsichtsrathes zu beschicken; auch sollten die Verbandsdirektoren alle für die Vereine bestimmten Erlasse und Zuschriften, sowie die Berichte über die Unterverbandstage nebst den beigefügten statistischen Uebersichten künftig nicht bloß dem Vorstande, sondern auch dem Aufsichtsrathe der Vereine direkt zugehen lassen.

Bei Berathung des von ihm gestellten Antrages erklärte damals Schulze: „Wir können von Glück sagen, daß bei unseren Vereinen nichts schlimmeres passirt ist, als wir seither erlebt haben. Die durchschnittliche Ehrlichkeit der Verwaltungen hat uns gehalten, die Kontrole und Thätigkeit der Mitglieder wahrhaftig nicht. So aber kann es nicht bleiben. Die Vorstandsmitglieder müssen auch selbst eine schärfere Kontrole wünschen; denn eine solche Kontrole vermindert ihre eigene Verantwortlichkeit. Ohne daß die Mitglieder aus ihrer Gleichgültigkeit aufgeweckt werden, kommen wir jedoch nicht dahin." Auch in den Anträgen (der Novelle), die er in jener Zeit zur Verbesserung des Genossenschaftsgesetzes von 1868 in den Reichstag einbrachte und in Aufsätzen und in Schriften begründete, wollte er die Generalversammlungen und Aufsichtsräthe durch gesetzliche Bestimmungen zwingen, gewissen Verpflichtungen nachzukommen, deren Aufnahme in das Statut er bei vielen Vereinen nicht hatte durchsetzen können. Endlich führte die wiederkehrende Erscheinung, daß es ungeachtet aller Bemühungen nicht immer gelang, von den innern Verhältnissen mancher Kreditvereine hinreichende Kenntniß zu erhalten, zu einer Einrichtung, die Schulze's Thätigkeit in seinen letzten Lebensjahren in hohem Maaße in Anspruch nahm, zu der Einrichtung der Verbandsrevisionen.

III.

Die Verbandsrevision.

Schulze's allgemeiner Verband der auf Selbsthülfe beruhenden deutschen Erwerbs- und Wirthschaftsgenossenschaften hatte ursprünglich nur Unterverbände von Kreditgenossenschaften. Schon vor 1866 aber bildeten sich Unterverbände von Konsumvereinen in Gegenden, wo Genossenschaften dieser Art in größerer Zahl vorhanden waren, während sie in vielen Gauen Deutschlands gänzlich fehlten und bis auf den heutigen Tag gar nicht oder nur in ganz geringer Anzahl vorhanden sind. Ein Unterverband der Konsumvereine der Provinz Brandenburg, mit Berlin als Mittelpunkt, einer der Konsumvereine der Provinz Sachsen (Magdeburg) machten den Anfang. Zwischen 1866 und 1872 entstanden dann die Unterverbände der schlesischen Konsumvereine (Breslau), der Konsumverein der Lausitz (Görlitz). In Sonderstellung hatten in Süddeutschland seit 1867 und im Königreich Sachsen seit 1869 Verbände von Konsumvereinen bestanden, die ohne engere Verbindung mit Schulze sich mit abweichenden Einrichtungen gebildet hatten. Diese schlossen sich 1872 dem allgemeinen Verbande an. Verbände anderer Arten Genossenschaften, wie ein Verband norddeutscher Schuhmacher-Genossenschaften (1867) und ein Verband deutscher Bau-Genossenschaften (1875) gingen nach wenigen Jahren wieder ein. In Ost- und Westpreußen entstanden in der ersten Hälfte der 70er Jahre die ersten landwirthschaftlichen Genossenschaften (landwirthschaftliche Konsumvereine und Molkereigenossenschaften); sie bildeten 1876 einen Unterverband, der später auf Schulze's Anregung mitwirkte, den allgemeinen Verband deutscher landwirthschaftlicher Genossenschaften ins Leben zu rufen.

Die Verbandsrevision ist auf Erfahrungen von Kreditvereinsverbänden zurückzuführen. In Kreditvereinen hatte sich das Bedürfniß nach einer Prüfung der Einrichtungen und Geschäftsführung durch einen dem Verein nicht angehörigen Sachverständigen frühzeitig herausgestellt. „Den Mitgliedern des Vorstandes und Aufsichtsrathes fehlte bei allem guten Willen oft die nöthige Kenntniß der Gesetze und einer richtigen genossenschaftlichen und kaufmännischen Geschäftsführung. Man wünschte Revisoren als Lehrmeister.“ Gegen die Beschickung der Vereine durch Kontrolbeamte der Unterverbände erklärte sich Schulze auf dem Genossenschaftstage zu Bremen (1874), rieth aber den Verbandsdirektoren, wenn sich ein Verein freiwillig an sie wende, weil seine Bücher in Unordnung gerathen seien, ihnen nach Kräften durch eine Revision zu helfen. Schon 1875 empfahl der Genossenschaftstag in Eisenach auf Schulze's Antrag den Verbandsdirektoren, sachverständige, im kaufmännischen Rechnungswesen erfahrene und mit der genossenschaftlichen Organisation vertraute Männer zum Behufe von Geschäftsrevisionen und Inventuren auf Anrufen einbezirkter Vereine bereitzuhalten und die Vornahme von Revisionen zu befördern. Dieser Beschluß gab in einigen Verbänden zur weiteren Ausbildung des Revisionswesens Anstoß. 1881 erklärte auf Schulze's Antrag der Genossenschaftstag zu Kassel es bereits für eine Pflicht der Unterverbände, für regelmäßig wiederkehrende Revisionen der einzelnen Vereine Sorge zu tragen. Nun wurde die Frage der Verbandsrevisionen Gegenstand der Berathungen aller Unterverbandstage. Auf dem Genossenschaftstage zu Darmstadt (1882), dem letzten, welchem Schulze beiwohnte, wurde allen dem allgemeinen Verbande angehörigen Genossenschaften empfohlen, die erforderlichen Schritte zu thun, um sich die Vortheile der verbandsmäßig organisirten Revisionseinrichtung zu sichern. Schulze aber besprach noch in seiner letzten Schrift „Material zur Revision des Genossenschaftsgesetzes“ die Verbandsrevisionen eingehend und schlug vor, in das Genossenschaftsgesetz selbst die Bestimmung einzufügen, daß jede Genossenschaft in Perioden von 2 bis 3 Jahren je eine Superrevision durch einen ihr nicht angehörigen sachverständigen Revisor unter Zuziehung des Aufsichtsrathes vornehmen und durch Einreichung eines Attestes desselben bescheinigen lassen müsse.

Die Verbandsrevision nahm nach seinem Tode erfreulichen Fortgang. Auch andere genossenschaftliche Vereinigungen, die früher Rechnungsrevisoren zum besten ihrer Vereine unterhielten, führten die bessere Einrichtung der Verbandsrevisionen ein. Auf dem Genossenschaftstage zu Plauen (1887) wurden ausführlichere Beschlüsse über die Art der Ausführung der Revisionen gefaßt. Nur kaufmännisch gebildete, mit dem Genossenschaftswesen und den Bestimmungen des Genossenschaftsgesetzes vertraute, praktische Genossenschafter sollten als Verbandsrevisoren angestellt werden, möglichst Männer, die ihre ganze Kraft und Zeit der Revisionssache zu widmen bereit und im Stande wären; wo die Revisionen eines Verbandes nicht die ganze Arbeitskraft eines Revisors in Anspruch nehme, sollte ein gemeinsamer Revisor für mehrere Unterverbände bestellt werden; der Revisor sollte Beamter des Unterverbandes und den Anordnungen des Verbandsdirektors unterworfen sein, vom Verbande auf

Vorschlag des Verbandsdirektors gewählt und entlassen werden; für seine Leistungen sollte er aus der Verbandskasse bezahlt werden und nicht befugt sein, von Vereinen oder von Mitgliedern derselben Bezahlung oder Geschenke anzunehmen; der Revisor sollte bei den Revisionen sein Augenmerk besonders darauf richten, ob die Beschlüsse der Genossenschaftstage und der Unterverbandstage die erforderliche Beachtung gefunden haben; dem Revisor wurde die unabweisbare Verpflichtung auferlegt, nach vollendeter Revisionsarbeit dem Vorstand und Aufsichtsrath der revidirten Genossenschaft in gemeinschaftlicher Sitzung über den Revisionsbefund Bericht zu erstatten und über die Beseitigung vorhandener Mängel und Herbeiführung besserer Einrichtungen Rathschläge zu ertheilen. Nach dieser Sitzung mit Vorstand und Aufsichtsrath sollte er der revidirten Genossenschaft schriftlichen Bericht über das Ergebniß erstatten und eine Abschrift davon dem Verbandsdirektor einsenden. Endlich sollte der Revisor dem ordentlichen Verbandstage in jedem Jahre über seine Thätigkeit und deren Erfolg schriftlichen Bericht erstatten. Die Vorstände der revidirten Genossenschaften aber sollten innerhalb einer bestimmten Zeit den Verbandsdirektoren Mittheilung machen, inwieweit die Erinnerungen und Mahnungen des Verbandsrevisors befolgt seien und der Verbandsdirektor sollte verpflichtet sein, vorhandene Irrthümer und Mißverhältnisse über die Ausstellungen und Rathschläge des Verbandsrevisors aufzuklären, dann aber die Vereine zur Befolgung der Rathschläge aufzufordern und anzuhalten.

Die günstigen Erfolge der Verbandsrevisionen des Schulze'schen Verbandes veranlaßten das Reichsjustizamt, im neuen Genossenschaftsgesetz die Revision als gesetzliche Einrichtung für alle Genossenschaften vorzuschlagen. Der Genossenschaftstag in Erfurt (1888) erklärte dies als nicht vereinbar mit den Grundsätzen der Selbsthülfe. Er wollte, im Anschluß an Schulze's letzte Vorschläge, in das Gesetz nur die Bestimmung aufgenommen haben, daß jede Genossenschaft verpflichtet sei, mindestens in jedem dritten Jahre eine Revision ihrer Einrichtungen und ihrer Geschäftsführung in allen Zweigen der Verwaltung durch einen ihr nicht angehörigen sachverständigen Revisor vornehmen zu lassen.

In dem Gesetz von 1889 sind im wesentlichen die Vorschläge des Reichsjustizamts angenommen. Danach ist jede Genossenschaft verpflichtet, mindestens in jedem zweiten Jahre ihre Einrichtung und Geschäftsführung in allen Zweigen der Verwaltung durch einen ihr nicht angehörigen sachverständigen Revisor prüfen zu lassen (§ 51). Genossenschaftlichen Verbänden kann das Recht verliehen werden, den Revisor zu bestellen (§ 52). In die Generalversammlungen dieser Verbände steht der höheren Verwaltungsbehörde zu, einen Vertreter zu senden (§ 57). Für Genossenschaften, die einem Verbande nicht angehören, wird der Revisor durch das Gericht bestellt. Falls sie den Revisor vorschlagen, muß die höhere Verwaltungsbehörde über die Person des Revisors gehört werden. Erklärt diese sich mit der vorgeschlagenen Person einverstanden, so hat das Gericht diesen Revisor zu bestellen (§ 59). Zu Revisionen ist auch der Aufsichtsrath zuzuziehen (§ 61). Der Vorstand hat eine Bescheinigung des Revisors über die stattgefundene Revision zum Genossenschaftsregister einzureichen und den vom Revisor ausgestellten Bericht als Gegenstand der Beschlußfassung der nächsten Generalversammlung anzukündigen, in welcher sich der Aufsichtsrath über das Ergebniß der Revision zu erklären hat (§ 61). Endlich ist auch dem Reichskanzler die Ermächtigung ertheilt, allgemeine Anweisungen zu erlassen, nach welchen die Revisionsberichte anzufertigen sind (§ 62).

Die nun bestehende gesetzliche Revision enthält einen Eingriff in die Selbstverwaltung, dessen Erfolg zweifelhaft ist. Durch die zweijährigen Revisionen statt der dreijährigen entstehen bei gründlichen Revisionen den Genossenschaften so bedeutende Kosten, daß manche kleinere eingetragene Genossenschaft, namentlich landwirthschaftliche Konsumvereine und Molkereien, der Kosten halber vorgezogen haben, sich aufzulösen, um nun als nicht eingetragene Vereinigung in schlechterer Rechtsform ihren Geschäftsbetrieb fortzusetzen. Aeltere größere Kreditvereine, die sich der Verbandsrevision bisher noch nicht unterworfen hatten, haben sich zahlreich in Aktien- und Aktienkommandit-Gesellschaften verwandelt. Von diesen Aktiengesellschaften sind später mehrere in schmählicher Weise zu Grunde gegangen; ihre Direktoren, die durch Selbstmord endeten oder ins Zuchthaus kamen, haben die Umwandlung aus Furcht vor den Revisionen betrieben. Lediglich des Revisionszwanges halber traten den Kreditverbänden ältere seit vielen Jahren bestehende Vorschußvereine bei, deren mangelhafte Einrichtungen die Revisionen erschwerten und vertheuerten und den Verband nöthigten, auf den Verbandstagen die erziehliche Thätigkeit gewissermaßen wieder von vorn anzufangen. Den Leitern vieler neu beigetretenen Genossenschaften mangelte der genossenschaftliche Sinn. Nur um Kosten zu sparen, waren sie beigetreten. Neue Verbände von Kreditgenossenschaften bildeten sich und wählten ungeeignete Revisoren, die recht billig und schlecht revidirten. Aus anderen Verbänden und aus anderen Arten Genossenschaften kam über die Ausführung der Revisionen wenig in die Oeffentlichkeit. Die Regierung in Preußen und ebenso die Reichsregierung sorgten in keiner Weise für eine Statistik der Verbände. Ein durch die Gerichte leicht zu beschaffendes Verzeichniß der Revisionsverbände nebst den zu ihnen gehörenden Vereinen, sowie der zu keinem Verbande gehörenden Genossenschaften ist bisher in keinem Jahr veröffentlicht. Regierungsvertreter erschienen fast niemals auf den Verbandstagen, obschon gerade den Verwaltungsbehörden es oft recht nöthig thut, über Genossenschaftswesen Kenntnisse zu erwerben. Anweisungen des Reichskanzlers über die Anfertigung von Revisionsberichten konnten schon deshalb nicht erlassen werden, da die Reichs- und Landesbehörden ja von den erstatteten Berichten nichts zu sehen bekommen.

Im allgemeinen Verbande freilich wurde unermüdlich gearbeitet, die Schwierigkeiten des neuen Gesetzes zu überwinden. Die Verbandsdirektoren wetteiferten, die Revision für die einbezirkten Vereine fruchtbar zu gestalten, geeignete praktische Genossenschafter als Revisoren zu gewinnen und in diesem schwierigen und mühseligen Amte fortzubilden. Einzelne Verbandsdirektoren übernahmen selbst die Revisionen. Die Verbandsrevisoren erstatteten für den Verbandstag einen Generalbericht, der, schon vorher gedruckt und von dem Verbandsdirektor versandt, auf dem Verbandstage Stoff zu fruchtbringenden Berathungen bot. Auf den Genossenschaftstagen findet alljährlich zwischen den Revisoren des ganzen Reiches in besonderen Revisoren-Konferenzen ein Austausch der Erfahrungen und Meinungen statt.

Ueber die Revisionen in anderen alten und neuen Verbänden liegt nicht viel gedrucktes Material vor, doch sind mehrere kleinere und größere Revisionsverbände durch die Bestimmungen des neuen Gesetzes, insofern die Kosten einer guten, gründlichen Revision für kleinere Genossenschaften fast unerschwinglich wurden, auf falsche Bahnen gelenkt. Hier und da sucht man durch direkte Verquickung mit konservativen und klerikalen Parteibestrebungen, mehrfach auch in Verbindung mit sogenannten „Bauernvereinen" oder durch Vermittlung von Beschaffung landwirthschaftlicher Maschinen oder anderer landwirthschaftlicher Bedürfnisse gegen Provision die Kosten der Revisionen herauszuschlagen. Die Revisionskosten schädigten in mehreren Verbänden das Prinzip der Selbsthülfe. Zu den Revisionskosten erbat und erhielt man aus Staats- und Provinzialkassen bedeutende Zuschüsse. In der Zeit, wo die von Schulze bis zu seinem Tode rastlos bekämpften Gegner der genossenschaftlichen Selbsthülfe, die Sozialdemokratie und der Staatssozialismus, leidenschaftlich um die zukünftige Herrschaft im Wirthschaftsleben ringen, ist Schulze's Grundsatz, daß **mit der genossenschaftlichen Selbsthülfe Geldunterstützung aus Staats- oder Kommunekassen unvereinbar sind und die Entwickelung der Genossenschaften schädigen,** leider vielfach in Vergessenheit gerathen.

IV.

Schulze-Delitzsch und die hannoverschen Kreditvereine — der Niedersächsische Verband als Unterverband und nach seinem Austritt aus dem allgemeinen Verbande.

Ueber die Beziehungen, die Schulze-Delitzsch zu den hannoverschen Kreditgenossenschaften von 1854 bis 1881 hatte, ist von mir in meinem Buche: Dr. Glackemeyer's Kampf gegen die Organisation und Grundlehren von Schulze-Delitzsch" im III. Kapitel ausführlich auf Grund der Jahresberichte, der Mittheilungen aus den Verbandstagen und der Blätter für Genossenschaftswesen berichtet. Vor der Annexion des Königreichs Hannover war den Vorschußvereinen in Hannover nicht gestattet, sich Schulze's allgemeinem Verbande anzuschließen. Nach 1866 traten nach und nach eine Reihe Kreditvereine (Emden, Hameln, Norden, Buer, Esens, Göttingen, Goslar, Lüneburg, Neuhaus a. E.) dem allgemeinen Verbande bei. Schulze-Delitzsch hatte von Anfang seiner Thätigkeit an bei der deutschen Genossenschaftsbewegung stets die nationale Bedeutung in den Vordergrund gestellt. Bereits im organischen Statut 1864 hatte er „die vollständige Einführung der Unterverbände durch ganz Deutschland" als Ziel bezeichnet, zu einer Zeit also, wo nur Verbände von Kreditvereinen bestanden. In Betreff der anderen Arten Genossenschaften, konnte er auch später nicht daran denken, daß deren Verbände alle Theile des Reiches umfassen könnten. Bei dem Werth, den er auf die Unterverbände als nothwendiges Mittelglied in seiner Organisation legte, mußte er wünschen, daß die zum allgemeinen Verbande gehörenden Kreditgenossenschaften des vormaligen Königreichs Hannover sich zu einem Unterverbande zusammenschlössen.

Schulze war ein grundsätzlicher Gegner aller Agitationen zur Gründung neuer Kreditvereine. „Prinzipiell“ — schrieb er — „geht die Veranlassung zu Gründungen von mir nicht aus .. Die Betheiligten selbst müssen dafür, daß das Bedürfniß und die Bedingungen zu dessen Befriedigung bei ihnen im Orte vorhanden ist, durch die eigene Initiative den Nachweis und die Verantwortlichkeit übernehmen. Auf die Vertretung des Genossenschaftswesens im Allgemeinen und auf Vervollkommnung der Einrichtungen der bestehenden Vereine ist mein Wirken, sind die Verhandlungen in den Verbänden der uns angehörigen Vereine gerichtet.“ (Blätter für Genossenschaftswesen, 1880, Nr. 16.) Ebenso verschmähte er es, Genossenschaften aufzufordern, seinem allgemeinen Verbande beizutreten. Anders aber lag es mit dem Anschluß der bereits zum allgemeinen Verbande gehörenden Genossenschaften an die Unterverbände. Am 3. August 1881, zu einer Zeit, wo dem allgemeinen Verbande 1042, davon den Unterverbänden nur 911 Genossenschaften, — also 131, darunter 97 Kreditvereine, keinem Unterverbande angehörten, erließ er ein Rundschreiben an die Kreditgenossenschaften des allgemeinen deutschen Verbandes in Hannover. Um die letzte Lücke in dem das ganze deutsche Reich bedeckenden Netz von Kreditvereins-Unterverbänden auszufüllen, forderte er sie auf, zugleich mit den zum allgemeinen Verbande gehörenden Kreditvereinen von Braunschweig und Oldenburg einen besonderen Unterverband zu bilden. „Im festen Zusammenschluß“ — schrieb er — „mit der Gesammtheit der deutschen Genossenschaften“ gilt es, einer noch weiter gehenden Zersplitterung in Ihrer Provinz vorzubeugen und der Bewegung den nationalen Charakter zu wahren, in welchem allein die Bürgschaft zur Lösung der großen Aufgaben gegeben ist, die ihr in dieser ernsten Zeit gestellt sind.“ Wären die neun dem allgemeinen Verbande angehörenden Kreditvereine der Aufforderung Schulze's nachgekommen, so würde ein, wenn auch anfänglich nur wenige Kreditvereine umfassender Verband unter Schulze's persönlichen Beirath zu Stande gekommen sein und sich unter tüchtiger Leitung den anderen Unterverbänden angereiht haben. Ende August 1881 auf dem Genossenschaftstage zu Kassel besprach Schulze in seinem Bericht „das sehr wichtige und werthvolle Glied unserer Organisation“, die Unterverbände. Er bedauerte, daß in Hannover vermuthlich in Folge partikularistischer Gegenströmungen noch kein Unterverband bestehe. Vergeblich habe er sich bereit erklärt, dorthin zu reisen und mit den Vereinen zu tagen. „Die deutsche Genossenschaftsbewegung“ — sagte er — „ist eine deutsch-nationale Bewegung und wer sie partikularistisch auffaßt, wird erstlich die materiellen Ziele derselben nicht erreichen, dann aber auch die segensvolle Rückwirkung auf die nationale Gestaltung unserer inneren Zustände absolut verfehlen.“

Als Gast war in Kassel Dr. Glackemeyer erschienen, der seit 1877 einen Kreditverein leitete, der sich vom allgemeinen Verbande fernhielt. Die Art, wie er den Nichtanschluß der Hannoverschen Vereine entschuldigte, veranlaßte Schulze, wie in den „Mittheilungen“ zu lesen ist, zu einer etwas erregten kurzen Abfertigung (vgl. meine Schrift S. 18 bis 20). Schulze erlebte die Gründung eines hannoverschen Unterverbandes nicht. Auf Einladung des immer noch nicht zum allgemeinen Verbande gehörenden Kreditvereins zu Hannover fand im Mai 1882 eine Versammlung statt, auf der ein niedersächsischer Verband der Erwerbs- und

Wirthschaftsgenossenschaften in Hannover gegründet wurde, an dem sich unter 14 Kreditvereinen 6 dem allgemeinen Verbande angehörende betheiligten. Erst 2½ Jahre später, im August 1884, ¾ Jahr nach Schulze's Tode, ward auf dem Genossenschaftstage zu Weimar der niedersächsische Verband als Unterverband aufgenommen. Derselbe hat von August 1884 bis zum Juli 1891 dem allgemeinen Verbande angehört. Wie weit ein Unterverband die ihm in Schulze's Organisation gegebenen, von mir vorher (S. 7 ff.) dargestellten Aufgaben erfüllt, hängt ganz allein von der Leitung desselben ab. Wenn der Verbandsdirektor den ihm durch das organische Statut und die Beschlüsse der Genossenschaftstage auferlegten Verpflichtungen nicht nachkommt, so kann der Verband als solcher Besserung nur schaffen, wenn er sich einen anderen Verbandsdirektor wählt, wozu er bei allen Unterverbänden in Schulze's allgemeinen Verband (mit Ausnahme des Niedersächsischen) statutarisch alle Jahr Gelegenheit hat. Ich habe im IV. Kapitel meiner Schrift unter der Ueberschrift „Wie Dr. Glackemeyer Unterverbandsdirektor wurde und was er als solcher leistete und nicht leistete" im Lichte der Wahrheit die Thätigkeit dieses Unterverbandsdirektors dargestellt. Ich muß darauf verweisen. Hier sei nur einiges angeführt.

Seine Abneigung gegen die Statistik, wie überhaupt gegen Veröffentlichung thatsächlichen Materials bethätigte der Unterverbandsdirektor dadurch, daß er seine Pflicht, den Anwalt bei Einziehung der statistischen Nachrichten zu unterstützen, vernachlässigte, namentlich nicht dafür sorgte, daß alle einbezirkten Vereine die statistische Pflichttabelle einsendeten, obschon sie dafür die Jahresberichte des Anwalts, das große statistische Tabellenwerk unentgeltlich erhielten. Auch für Ausfüllung der auf Schulze's Antrag von Genossenschaftstagen beschlossene Tabellen über die Berufsstatistik, sowie über die Gehälter und Verwaltungskosten hat er ungenügend gesorgt, selbst bei seinem eigenen Verein. Die von Schulze schon 1866 für unbedingt nöthig erklärten Zusammenstellungen aus den tabellarischen Rechnungsabschlüssen der einbezirkten Vereine für die Unterverbandstage hat er kein einziges Mal gefertigt. Er erklärte auf dem Verbandstage 1887, solche Zusammenstellung mache viel Arbeit und koste viel im Druck und habe eigentlich gar keinen Zweck, alle Zahlen von Bedeutung wären ja im Jahresberichte des Anwaltes enthalten. Daß er sich aus den Tabellen des Jahresberichtes über die Verhältnisse der Verbandsvereine unterrichtet habe, ist auf den Verbandstagen nicht zu Tage getreten. Und als die Vereine nach dem Austritte des Verbandes keine tabellarischen Berichte mehr in die Jahresberichte des Anwalts sendeten, da gab es für den Verband erst recht keine statistische Zusammenstellung mehr! Der Verbandstag verschmähte es, sich über innere Verhältnisse der Vereine durch die von Schulze-Delitzsch für unerläßlich erklärten Umfragen Kenntniß zu verschaffen. Die Verpflichtung, über die abgehaltenen Unterverbandstage sachliche unparteiische Berichte zur Belehrung der einbezirkten Vereine zu veröffentlichen, wurde gröblich vernachlässigt. Ueber die Verbandstage 1888, 1889 und 1891 sind überhaupt keine Berichte veröffentlicht und die Berichte über die Verbandstage von 1885, 1886, 1887 und 1890 wurden von den Verbandsdirektoren im engeren Ausschuß für Zerrbilder unparteiischer Berichterstattung erklärt. Die Verbandsrevision kam im Niedersächsischen Verbande mehrere Jahre später, als in anderen Verbänden, und eigentlich erst mit dem Revisionszwang des neuen Genossenschaftsgesetzes in Fluß. Unter solcher, wichtige Grundlagen Schulze's stetig bekämpfenden Verbandsleitung war den ihr untergebenen Verbandsrevisoren auch nicht möglich, ihre Aufgaben in demselben Grade zu erfüllen, wie in anderen Unterverbänden. Schriftliche Generalberichte kamen nicht vor. Von vornherein hatte sich der Verbandsdirektor bemüht, den Unterverband in ganz abweichender Weise zu leiten. „Insbesondere ignorirte er die von Schulze-Delitzsch und den Genossenschaftstagen den Unterverbänden und ihren Direktoren empfohlenen Maßnahmen und Einrichtungen oder bekämpfte sie auf seinen Verbandstagen unter heftigen, persönlichen Angriffen auf ihre Vertheidiger, als weder nothwendig noch nützlich. Allmälig kam er dahin, den Unterverband und seine Versammlungen als Agitationsmittel zur Sprengung des Allgemeinen Verbandes auszunutzen."

Gegenüber unrichtigen Angaben über die Gründe des Austritts des Niedersächsischen Unterverbandes aus dem Allgemeinen Verbande bin ich in meiner Schrift auf Grund der darin nachgewiesenen Thatsachen zu dem Schluß gekommen: „Dr. Glackemeyer hat als Verbandsdirektor in emsiger fleißiger Arbeit den Niedersächsischen Unterverband zu verhindern verstanden, den Aufgaben gerecht zu werden, die Schulze-Delitzsch den von ihm so hoch gehaltenen Unterverbänden in seinem organischen Statut und in den auf seinen Anlaß gefaßten Beschlüssen der Genossenschaftstage zuertheilt hat. Dr. Glackemeyer hat die Vereine seines Verbandes mit Eifer und Geschick abgehalten, der Vortheile theilhaftig zu werden, die nach Schulze's Organisations-Werk jeder Verbandsverein genießen soll. Dr. Glackemeyer hat den Vereinen seines Verbandes Grundlehren Schulze's als Thorheiten dargestellt und dafür eigene, zum Theil auf Unkenntniß zurückzuführende falsche Lehren empfohlen. Die Erfahrungen, welche Schulze-Delitzsch mit Hülfe der mehr als 30 Unterverbände in einem Menschenalter sammelte, hat der Verbandsdirektor Dr. Glackemeyer nicht benutzt, vielmehr mißachtet und sich bemüht, alles anders und schlechter zu machen. . ."

Nach dem Ausscheiden des Niedersächsischen Verbandes aus dem allgemeinen Verbande wurde in dem zum Parteiorgan erklärten „Kreditverein" der Kampf gegen die von Schulze-Delitzsch begründete Organisation und gleichzeitig gegen wichtige Grundlehren desselben mit steigender Heftigkeit und unter maßlosen Angriffen auf die in der Organisation thätigen Personen geführt. Wer sich über die dabei beobachtete Kampfesweise unterrichten will, findet in dem IX. Kapitel meiner Schrift eine ausführliche Darstellung mit thatsächlichen Nachweisen. Von dem Kampf selber handelt das VII. Kapitel. Nicht die Organisation in ihrer Gesammtheit, sondern das einzelne, was die Organisation ausmacht, wurde bekämpft: so das Institut der Anwaltschaft mit der, wie schon Schulze-Delitzsch hervorhob, nach der Verfassung des Verbandes nothwendigen Beschickung der Verbandstage durch den Anwalt oder einen von den Genossenschaftstagen ein für allemal bestellten Vertreter — die Vereinigung verschiedener Arten von Genossenschaften in einem und demselben Verbande — die jährliche Wiederkehr der allgemeineu Vereinstage (Genossenschaftstage) — die Verhandlungen des engeren und weiteren Ausschusses — die Jahresberichte des Anwaltes — die in der Organisation den Unterverbänden gestellten Aufgaben — die Verpflichtung der Vereine, das Verbandsorgan zu halten — Obliegenheiten der Verbandsrevisoren u. s. w. Bekämpft wurden ferner eine Reihe von Schulze-Delitzsch in seinen Schriften und Aufsätzen niedergelegter, auf langjährige Erfahrungen gestützter und von Genossenschaftstagen anerkannter Grundlehren betreffend die Kreditvereine, insbesondere über Zulassung jedes, der durch eigene Arbeit seinen Unterhalt erringt, zur Mitgliedschaft — über Höhe des Eintrittsgeldes — über das Verhältniß des eigenen Vermögens, insbesondere des Guthabens zum Betriebskapital — über Ausschluß der Vorstandsmitglieder von Kredit und Bürgschaften — über die Befugnisse des Aufsichtsraths und die Nothwendigkeit, für ihn eine von der Generalversammlung zu genehmigende Geschäftsanweisung einzuführen — über die Verpflichtungen des Aufsichtsraths bei Aufnahme der Inventur — über gewisse Rechte und Pflichten der Generalversammlung (Ausschluß von Mitgliedern, Wahl des Aufsichtsraths, Bestimmung des Höchstbetrages der aufzunehmenden Kredite und der Kreditgewährung an ein einzelnes Mitglied) — über Guthabenbeleihung — über ausführliche jährliche Geschäftsberichte nach dem sogenannten Stuttgarter Schema unter Spezialisirung der Effekten und Aufführung der Giroverbindlichkeiten u. s. w.

Meine Bemerkung in dem Schlußkapitel, daß der niedersächsische Verband seit seiner Lostrennung, abgesehen vielleicht von den Revisionen, in völliges Nichtsthun versunken sei, gründete sich auf die in seinem Organ gemachten kurzen Mittheilungen über die Verbandstage von 1892 und 1893. Es ist bereits hervorgehoben, daß Leistungen und Nichtleistungen eines Unterverbandes — lediglich von den Leitern desselben abhängen. Schon vor jener Bemerkung hatte ich die nach langjährigen Vorbereitungen zu stande gekommene „Central-Genossenschaftskasse für Niedersachsen in Hannover, G. m. b. H." erwähnt, welche eigentlich eine Art Abzweigung der Kreditbank, e. G. m. u. H., darstellt, mit der sie die drei besoldeten Vorstandsmitglieder und das Geschäftslokal gemeinsam hat. Ich hatte erklärt, über die geschäftlichen Ergebnisse des neuen Instituts könne erst die Zukunft entscheiden. Die Ergebnisse des ersten nur drei Monate umfassenden Geschäftsjahres entsprechen nach der mitgetheilten Bilanz (21 Genossen mit 11,000 M. Guthaben) den gehegten Erwartungen nicht.

Nach dem Erscheinen meiner Schrift hat der niedersächsische Verbandstag in Stadthagen am 4. und 5. August 1894 stattgefunden. Dieser Verbandstag scheint nach den Mittheilungen mir zugegangener Zeitungen und des „Kreditverein" wenig anders als seine Vorgänger verlaufen zu sein. — Neben drei juristischen Vorträgen und der Generalversammlung der Central-Genossenschaftskasse wurde ein aus wenigen Sätzen bestehender Jahresbericht des Verbandsdirektors vorgetragen. Es folgten mündliche Berichte der Verbandsrevisoren — der des Verbandsrevisors Preiser etwas vollständiger, wie frühere Berichte. Ferner wurde ein neuer Beschluß, gegen Vertheilung hoher Dividende und für bessere Dotirung der Reserven, aber anscheinend ohne Erwähnung der Nothwendigkeit des angemessenen Verhältnisses des eigenen Vermögens zum Betriebskapital nach kurzer Debatte angenommen. In derselben war über das Schicksal eines ähnlichen Antrages auf dem Karlsruher Genossenschaftstage, wie schon früher, unrichtig berichtet. (Siehe meine Schrift Seite 34.) Ferner wurde wie auf früheren Verbandstagen über § 47 des Genossenschaftsgesetzes verhandelt und der bedenkliche Beschluß gefaßt, den Vereinen zu empfehlen, die Höchstbeträge „nicht zu niedrig" zu bemessen. Endlich aber, und das scheint das Hauptstück der Versammlung gewesen zu sein, wurde von den 28 vertretenen Vereinen eine geharnischte Resolution über meine „Schmähschrift" und deren „unwürdige Machenschaften" gefaßt. Daß in der Schrift Unwahrheiten enthalten seien, wurde nicht versucht nachzuweisen. In einer großen Zahl der 28 vertretenen Vereine war mein Buch, wie ich bestimmt weiß, überhaupt nicht gelesen. Sie verließen sich auf das Referat des Herrn Schulze-Gifhorn und die Bestätigung desselben durch den Verbandsdirektor und einige andere Redner.*)

Charlottenburg, Oktober 1894.

Kreditgenossenschaften.

I.

Kapitalbeschaffung.

Die Entstehung der Kreditgenossenschaften wird in der Regel so dargestellt, als sollte den kleinen Gewerbetreibenden ein Kreditinstitut geschaffen werden, das ihnen die Bankverbindung zu ersetzen hatte. Thatsächlich lagen die Verhältnisse in den 40er Jahren aber anders. Es gab in Deutschland überhaupt kein geordnetes Bankwesen, nicht allein den kleinen, sondern auch den großen Gewerbetreibenden fehlte eine den Kreditbedürfnissen genügende Bankverbindung. Hierin liegt wohl auch einer der Gründe, daß die Kreditgenossenschaften eine so überraschend schnelle Ausbreitung fanden und sich auf alle wirthschaftlichen Kreise ausdehnten.

Heute bei der Entwicklung, welche das Bankwesen nach der Richtung des Großbetriebes hin genommen hat, ist freilich noch dazugekommen, daß die Kreditgenossenschaft die Vermittlerin zwischen der Großbank, der Reichsbank einerseits und den Handwerkern, Bauern, kleinen Gewerbetreibenden andererseits geworden ist. Und man macht mit Unrecht der Reichsbank und den Großbanken zum Vorwurf, daß sie nicht mit diesen Berufsklassen in direkte Verbindung treten, man bedenkt dabei nicht, daß eine solche Ausdehnung des Geschäftsbetriebes jenen Banken eine ganz andere Richtung geben würde, welche mit ihrer Bestimmung als Großbanken, mit ihren wirthschaftlichen Aufgaben nicht verträglich ist.

Nur eine unrichtige Auffassung über die Bestimmung der Reichsbank konnte daher auch bei den Handwerkern die Forderung entstehen lassen, daß die Reichsbank ihnen ihre Waaren beleihen sollte. Eine Bank, die sich auf solche Geschäfte einließe, würde sich ruiniren, würde in Zeiten der Krisis der Allgemeinheit unermeßlichen Schaden zufügen müssen —

*) Soweit der noch vorhandene kleine Vorrath reicht, versendet der Verleger „J. Guttentags Verlagsbuchhandlung in Berlin" ein Exemplar meiner Schrift: „Dr. Glackemeyer und sein Kampf gegen die Organisation und die Grundlehren von Schulze-Delitzsch" gegen vorherige Einsendung des Betrages frei für eine Mark.

ganz abgesehen davon, daß die Beleihung solcher Waaren zu einer in erster Reihe für das Handwerk selbst verhängnißvollen Ueberproduktion und schließlichen Verschleuderung führen müßte.

Fast noch gefährlicher als die Kreditlosigkeit ist für ein Gewerbe die Möglichkeit einer allzuleichten Kreditbeschaffung, welche die Ausdehnung des Geschäfts auf unsolider Basis fördert.

Und jene Vorwürfe sind alle um so hinfälliger, die Forderungen nach Hülfe des Staates zur Beschaffung der Kreditmittel sind um so überflüssiger, als die in Frage kommenden Berufsstände nur nöthig haben, sich zu organisiren, um die Befriedigung ihres Kreditbedürfnisses zu erreichen.

Die Kreditgenossenschaft ist die Vereinigung der Kreditbedürftigen; der Gegenstand ihres Unternehmens ist die Beschaffung der in Gewerbe und Wirthschaft ihrer Mitglieder nöthigen Geldmittel durch gemeinschaftlichen Betrieb von Bankgeschäften. Für diese Beschaffung der Geldmittel bieten sich zwei Quellen: die Bildung eines eigenen Vereinsvermögens und die Aufnahme fremder Gelder. Auf das Erstere ist bei den Kreditgenossenschaften nach Schulze-Delitzsch'em System von jeher das größte Gewicht gelegt, da die persönliche Haftpflicht der Mitglieder nicht die einzige Haftgrundlage bildet, sondern nur als Ergänzung der Kapitalgrundlage dienen soll; stets ist von Schulze-Delitzsch mit größter Entschiedenheit hervorgehoben: Die persönliche Haftpflicht entbindet nicht von der Schaffung einer soliden Kreditbasis. Und die Bildung eines ausreichenden eigenen Vereinsvermögens ist umsomehr erforderlich, als mit dem Anwachsen desselben die Sicherheit der Mitglieder um so größer wird gegen eine Inanspruchnahme aus ihrer persönlichen Haftpflicht. Da die Genossenschaft durch ihre Unterstellung unter das Genossenschaftsgesetz Rechtspersönlichkeit erlangt, sind nämlich die Gläubiger der Genossenschaft verpflichtet, stets zunächst in dem Vermögen der Genossenschaft Befriedigung zu suchen; erst wenn sich durch den Konkurs über das Vermögen der Genossenschaft ergiebt, daß die Gläubiger aus demselben nicht werden befriedigt werden können, tritt die persönliche Haftpflicht der Mitglieder in Wirksamkeit, um die Gläubiger wegen ihres Ausfalles im Konkurse zu sichern.

Das eigene Vereinsvermögen setzt sich aus zwei Bestandtheilen zusammen; aus den Reserven und aus den Geschäftsguthaben.

Die Mitglieder bringen nicht bloß ihre Person in die Genossenschaft, sondern sie übernehmen auch die Verpflichtung, sich mit Einzahlungen auf den Geschäftsantheil zu betheiligen. Da es sich jedoch um eine Gesellschaft handelt, die in erster Reihe den wenig begüterten Bevölkerungsklassen dienen soll, so muß das Statut bei der Festsetzung dieser Einzahlungen dem gerecht werden, und dieselben möglichst niedrig bestimmen; denn eine jede Genossenschaft muß stets den Grundsatz Schulze-Delitzsch's vor Augen behalten: „So lange Jemand noch den eigenen und der Seinigen Unterhalt, sei es auch kümmerlich, zu erschwingen im Stande ist, nehme man ihn auf.“ Dies hindert nun nicht, daß auf die Bildung der Geschäftsantheile das größte Gewicht gelegt wird, es ist dies durch das Interesse der Genossenschaft erfordert, die auf diesem Wege einen Kapitalgrundstock bildet, der ihren Kredit sichert, befestigt, der sie unabhängig von den Wohlthaten Dritter stellt — es ist dies weiter durch das Interesse der Mitglieder geboten, welche hier zur Sparsamkeit, zur Pünktlichkeit bei Erfüllung übernommener Verbindlichkeiten und damit zur Ordnung und Wirthschaftlichkeit angehalten werden. Vielen tausenden Personen ist es auf diese Weise gelungen, aus den kleinsten Anfängen mit geringen monatlichen Einzahlungen ein Kapital zu bilden. Scheidet das Mitglied aus der Genossenschaft aus, so hat sich die Genossenschaft mit ihm auf Grund der Bilanz auseinanderzusetzen, und ist nicht der höchst seltene Fall eingetreten, daß Verluste Abschreibungen der Geschäftsguthaben nothwendig gemacht haben, so erhält es seine auf Geschäftsantheile geleisteten Einzahlungen nebst den zugeschriebenen Dividenden heraus.

Von nicht geringer Bedeutung ist die Bildung einer Reserve, welche zur Deckung eines aus der Bilanz sich ergebenden Verlustes bestimmt ist, also die Mitglieder dagegen sichert, daß vorkommende Verluste ihre Geschäftsguthaben oder gar ihre persönliche Haftpflicht treffen. Der Reservefonds ist der Bestandtheil, welcher der Genossenschaft dauernd verbleibt, auf den auch ein ausscheidendes Mitglied keinen Anspruch hat, seine Bildung ist eine der wichtigsten Aufgaben der Genossenschaft. Es dienen dazu die Eintrittsgelder, die naturgemäß nur sehr niedrig sein können, um nicht gerade solchen Personen den Beitritt zu erschweren, für welche die Genossenschaft bestimmt ist, dann ferner die Antheile des Reingewinnes, welche jährlich von der Generalversammlung überwiesen werden. Und hier ist stets nach dem Grundsatz zu handeln, daß die Genossenschaft nicht bestimmt ist, hohe Dividende für ihre Mitglieder herauszuwirthschaften, daß es folglich als ein Fehler zu betrachten ist, wenn hohe Dividenden zur Vertheilung gelangen. Freilich ist auch die Ansicht derer falsch, welche in hoher Dividende das Zeichen hoher Zinsen und Provision sehen; wenn man die Geschäftslage derartiger Genossenschaften näher betrachtet, so findet man oft, daß die Dividende hoch ist, weil hier der Gewinn auf ein geringes Geschäftsguthaben zur Vertheilung gelangt. Hierin also liegt der Fehler und stets wird den Genossenschaften in solchen Fällen daher empfohlen, die Geschäftsantheile zu erhöhen und den Reservefonds reichlicher zu dotiren.

So sehen wir denn, wie sich bei den Genossenschaften ein eigenes Kapital bildet, und durchblättern wir die jährlich von dem Anwalt des Allgemeinen Verbandes deutscher Erwerbs- und Wirthschaftsgenossenschaften herausgegebene Statistik, so finden wir Genossenschaften, die mit wenigen Thalern den Betrieb angefangen, heute ein Kapital von mehreren Millionen Mark besitzen! Das ist das Resultat der organisirten Selbsthülfe.

Die Erfahrung hat gelehrt, daß gerade für die Genossenschaften die Aufstellung bestimmter Normen, welche einen festen Maßstab bieten, wünschenswerth ist, und für das Verhältniß des eigenen zum fremden Kapital hat sich in der Praxis als erforderlich ergeben, daß der Vorschußverein „in der ersten Zeit nach der Entstehung mindestens 10 pCt. der aufgenommenen fremden Gelder an eigenen Fonds besitzt, während nach 2 bis 3 Jahren diese Anforderung auf 20 bis 25 pCt. sich steigert, bei älteren Vereinen aber verlangt war, daß das eigene Kapital bis auf 50 pCt. der fremden, also auf ein Drittel des gesammten Betriebsfonds gebracht werde“ (Schulze-Delitzsch); dies ist die Ansammlung eines Reservefonds von mindestens 15 pCt. der Geschäftsguthaben, unter der Voraussetzung, daß diese 30 pCt. des Betriebskapitals betragen.

Wir finden hier Grenzen gezogen für die Aufnahme fremder Gelder, für eine Ausdehnung des Geschäftsbetriebes wesentlich auf Grund angeliehener Gelder — und damit ist wohl die deutlichste Antwort gegeben, ob die Handwerker, Gewerbetreibenden u. s. w., wenn sie als die Kreditbedürftigen eine Kreditgenossenschaft bilden, auch Kredit finden. Sie finden nicht nur den Kredit, die Erfahrung hat sogar gezeigt, daß die Genossenschaften häufig zuviel Kredit erhalten, ihnen mehr fremde Gelder zufließen, als sie für ihre Mitglieder brauchen und sie so verleitet werden, sich in Geschäfte einzulassen, die mit dem Zweck der Genossenschaft nichts gemein haben.

Durch die Kreditgenossenschaft ist die „soziale Frage" als gelöst zu betrachten, welche dahin geht: wie es möglich ist, dem Handwerker, dem kleinen Gewerbetreibenden, dem Landwirthe das nothwendige Betriebskapital zu beschaffen.

Wir haben darüber berichtet, wie es der ersten Genossenschaft gelang, indem Schulze-Delitzsch derselben die unbeschränkte Haftpflicht der Mitglieder als Grundlage gab, das nothwendige Betriebskapital zu erhalten, wie mit dieser Haftpflicht die Genossenschaft überall Boden gewann, und auf derselben die Kreditgenossenschaft zur Volksbank im wahren Sinne des Wortes geworden ist. Heute bedarf es keiner Erwägungen mehr, heute genügt der Hinweis auf Thatsachen, und so mag denn hervorgehoben werden, daß nach dem letzten Jahresbericht des Anwalts Schenk 1038 Kreditgenossenschaften über 435 764 524 Mk. fremde Gelder verfügten, und für dieselben durchschnittlich nur 3,53 pCt. Zinsen zu zahlen hatten. Von Jahr zu Jahr wächst das Vertrauen, fließen die fremden Gelder reichlicher, werden die Aufnahmebedingungen daher günstiger und vermögen die Genossenschaften billiger das Kreditbedürfniß ihrer Mitglieder zu befriedigen.

Ueber die Kredit-Quellen läßt sich Schulze-Delitzsch folgendermaßen aus: „Man muß sich ebenso gut für das Angebot von Kapitalien, wie für die Nachfrage danach eine feste Kundschaft zu verschaffen wissen, Leute an sich zu fesseln verstehen, die Geld bringen, so gut wie solche, die Geld holen, sich für den Abfluß so gut, wie für den Zufluß regelmäßige Kanäle offen halten" .... „In der That ist es den Vorschuß- und Kreditvereinen bisher meist gelungen, sich die erforderlichen Geldzuflüsse in ihren unmittelbaren Umgebungen zu eröffnen, sobald sie ihre Lebensfähigkeit nur irgendwie durch solide Geschäftsführung vor dem Publikum bewiesen hatten. Dabei hing natürlich viel davon ab, daß die Vorstände das öffentliche Vertrauen genießen, was man bei deren Wahl ganz besonders in das Auge zu fassen hat. Außer dem Wege der gewöhnlichen Anlehen hat sich hier besonders die Annahme geringer Einlagen und Ersparnisse der sogenannten kleinen Leute, um deren Sympathie es unseren Vereinen in jeder Hinsicht zu thun sein muß, als ein sehr wirksames Mittel bewährt, und die Einrichtung förmlicher Sparkassen bei ihnen zur Folge gehabt."

Die Genossenschaften erkannten am besten, welche große Bedeutung für ihre Entwicklung die unbeschränkte Haftpflicht hatte, und deswegen waren es auch die Genossenschaften selbst, die lange allen Bestrebungen

Widerstand entgegensetzten, neben dieser unbeschränkten Haftpflicht durch das Gesetz auch der beschränkten Haftpflicht Raum zu schaffen.

Die Verhältnisse führten jedoch schließlich dahin, die Zulassung der beschränkten Haftpflicht neben der unbeschränkten Haftpflicht zu erfordern, und so enthielt der Entwurf zu dem neuen Genossenschaftsgesetz beide Haftarten. Der Unterschied zwischen der unbeschränkten und beschränkten Haftpflicht läßt sich kurz dahin zusammenfassen, daß die solidarische (Laien sprechen von der beschränkten Haftpflicht meist als von einer Theilhaft, das ist ganz falsch, sie ist keine „Theilhaft") persönliche Haftpflicht der Mitglieder bei jener unbeschränkt, bei dieser durch eine statutarisch festgesetzte Grenze beschränkt ist.

Wenn in Kreisen, welche mit den Genossenschaften nur wenig Fühlung gehabt haben, geglaubt wurde, daß die beschränkte Haft dahin führen werde, ganz Deutschland mit einem Netz von Kreditgenossenschaften mit beschränkter Haftpflicht zu überziehen, so hat sich sehr bald gezeigt, daß dies nicht möglich ist, denn abgesehen von einzelnen Fällen, wo lokale Verhältnisse die Annahme der beschränkten Haftpflicht geboten erscheinen ließen, hat sich dieselbe für neu entstehende Kreditgenossenschaften nicht als geeignet erwiesen.

Dagegen ist dieselbe das Mittel gewesen, um hoch entwickelte Kreditgenossenschaften mit bedeutendem eigenen Vermögen als Genossenschaften durch Annahme der beschränkten Haftpflicht zu erhalten und deren Uebergang zur Aktiengesellschaft zu verhindern.

Wenn nun hier und dort sich noch eine gewisse Scheu geltend macht, einer Genossenschaft mit unbeschränkter Haftpflicht beizutreten und jeder Zusammenbruch einer Kreditgenossenschaft diese Scheu noch vergrößert, so mag demgegenüber darauf hingewiesen werden, daß in keinem Falle die unbeschränkte Haftpflicht zur Schädigung der Mitglieder geführt hat, sondern Vertrauensdusel der Verwaltung, Vertrauensdusel und Gleichgültigkeit der Mitglieder bei Wahrnehmung ihrer Rechte; tief zu beklagen ist, wenn die Mitglieder der Kreditgenossenschaften sich allein darauf beschränken, den Kredit bei derselben in Anspruch zu nehmen, Dividenden zu beziehen und den nothwendigen statutarischen Pflichten nachzukommen; würden die Mitglieder in das Wesen und die Bedeutung der Genossenschaft eindringen, sich über die zu beobachtenden wirthschaftlichen und genossenschaftlichen Grundsätze unterrichten, alle ihnen nach Gesetz und Statut zukommenden Rechte wahrnehmen — die Genossenschaften wären gegen schwere Schädigungen gesichert. Ausnahmslos hat bei den Genossenschaften zum Ruin geführt: Theilnahmlosigkeit der Mitglieder, hohe Kreditgewährung an die Mitglieder von Vorstand und Aufsichtsrath, Ausdehnung des Geschäftsbetriebes auf Gebiete, welche von der Kreditgenossenschaft niemals betreten werden sollten. Vermeide man dies, und die Genossenschaft ist gesichert, jeder hat es also in der Hand, sich vor Schaden zu schützen.

In Handwerkerkreisen wird häufig der Wunsch geäußert, besondere Kreditkassen für dieses oder jenes Handwerk, womöglich im Anschluß an eine Innung zu gründen. Dieser Gedanke ist wirthschaftlich verfehlt. Soll eine Kreditgenossenschaft unter den schwierigsten Verhältnissen den Mitgliedern eine Stütze sein können, so muß sie lebensfähig sein; dazu gehört, daß sie jederzeit über Mittel verfügt, daß in ihr ein gewisser

Ausgleich stattfindet zwischen Geldangebot und Nachfrage, daß nicht die in einem Berufsstande ausbrechende wirthschaftliche Krisis sie erschüttert. In einem bestimmten Berufsstande ist nun bekanntlich regelmäßig bei allen Mitgliedern desselben zu gleicher Zeit Nachfrage nach Geld, zu gleicher Zeit aber auch Geld verfügbar, schließt sich daher ein Berufsstand zu einer Kreditgenossenschaft zusammen, so ergiebt sich, daß hier entweder Geldmangel oder Geldüberfluß ist, an einen Ausgleich ist nicht zu denken, dieser ist nur zu erreichen, wenn die Angehörigen verschiedener Berufsstände die Kreditgenossenschaft bilden, wenn ihr Handwerker, Gewerbetreibende, Bauern beitreten, dann gelangen wir zu einem lebensfähigen Institut, welches auf eigenen Füßen zu stehen vermag, dann haben wir eine Kreditgenossenschaft, in der sich auch das Risiko angemessen vertheilt.

Ueberhaupt läßt sich eine Kreditgenossenschaft nicht nach einer bestimmten Schablone gründen, wie es bei anderen Genossenschaftsarten zum Theil wohl möglich ist. Es klingt sehr schön, daß jedes Städtchen seine Kreditgenossenschaft haben müßte, aber man darf dabei nicht übersehen, daß die Bewohnerschaft des Städtchens auch im Stande sein muß, die Kreditgenossenschaft lebensfähig zu gestalten; ist dies nicht der Fall, so thun die Bewohner besser, sich einer Kreditgenossenschaft in der Nachbarschaft anzuschließen. Die Kreditgenossenschaft muß sich überall aus einem Bedürfniß herausentwickeln, soll ihr Bestand gesichert sein.

Damit soll nun durchaus nicht gesagt werden, daß wir mit der Entwickelung der Kreditgenossenschaften bereits am Ende angelangt seien — im Gegentheil, es ist Raum noch für manche neue Gründung. Nothwendiger, als an neue Gründungen zu denken, aber ist, daß die bestehenden Kreditgenossenschaften alle die Personen in ihren Wirkungskreis hineinziehen, die sich jetzt noch fern halten. Blicken wir uns in den Städten um, wo Kreditgenossenschaften bestehen! Die Mitgliederzahl müßte sich fast überall verdoppeln und verdreifachen, wenn dem vorhandenen Kreditbedürfnisse in ausreichendem Maaße sollte Befriedigung geschaffen werden. Man täusche sich auch nicht durch hohe Umsatzziffern; gerade der Stand, welcher am meisten über Kreditmangel klagt, und welcher der Genossenschaft am meisten bedürfte, der Handwerkerstand, steht zum großen Theile abseits und würdigt nicht die große wirthschaftliche Bedeutung der Genossenschaften. Es bedarf hier nicht bloß der Aufklärung über das Wesen der Genossenschaft, sondern mehr noch der Ueberwindung wirthschaftlicher Anschauungen, die einer Betheiligung an auf Selbsthülfe beruhender Genossenschaft zuwider sind.

Der Präsident der Reichsbank hat wiederholt Gelegenheit genommen, den Ansprüchen der Handwerker an die Reichsbank gegenüber auf die Kreditgenossenschaft hinzuweisen. Vielleicht, daß die Handwerker sich den Genossenschaften wieder zahlreicher zuwenden werden, wenn sie eingesehen haben, daß es für sie keine Staatshülfe giebt, daß ihnen nur Hebung der eigenen Konkurrenzfähigkeit helfen kann, daß diese nur durch genossenschaftliche Organisation zu erzielen ist. Möchte diese Ueberzeugung aber nicht zu spät kommen, noch so rechtzeitig sich Bahn brechen, daß es möglich ist, die wirthschaftliche Selbständigkeit des Handwerks zu erhalten.

Hier sollten die Mittel zur Geldbeschaffung gezeigt werden, um das Kreditbedürfniß des Gewerbestandes befriedigen zu können, es sollte dargelegt werden, wie die genossenschaftliche Organisation auf der persönlichen Haftpflicht der Weg dahin ist, daß jedoch, um mit den Worten Schulze-Delitzsch's zu schließen, „es falsch ist, sich einzubilden: als entbinde ein genossenschaftliches Unternehmen von dem, was zur soliden Begründung eines Geschäfts überhaupt gehört. Dies kann die Genossenschaft nicht, dies soll sie nicht. Vielmehr beruht ihre Bedeutung und Aufgabe darin: daß sie jene Erfordernisse, welche bei Unbemittelten nicht vorhanden sind, durch Zusammenschluß einer größeren Zahl von ihnen beschafft, indem sie die der Aufgabe nicht genügenden Mittel und Kräfte der Einzelnen zu gemeinsamer Wirkung zusammenfaßt."

Es fehlt nicht an verfügbarem Kapital für die Befriedigung des Kreditbedürfnisses der kleinen Gewerbetreibenden, es fehlt nur an dem Willen derselben, sich zu organisiren, um dasselbe zu erhalten.

II.

Die Organisation.

1. Die Generalversammlung.

Das deutsche Genossenschaftsgesetz vom 1. Mai 1889 zwingt keine Genossenschaft, sich unter das Genossenschaftsgesetz zu stellen; es bleibt jeder Vereinigung überlassen, als nicht eingetragene Genossenschaft ihren Zweck zu verfolgen. Für eine Kreditgenossenschaft kann aber ein Zweifel nicht bestehen, daß für ihre Entwickelung die Unterstellung unter das Genossenschaftsgesetz nothwendig ist; denn allein dadurch vermag sie Rechtspersönlichkeit zu erwerben, was für sie den doppelten Vortheil hat, zunächst, daß sie als solche selbständig ihre Rechte und Pflichten haben, Eigenthum und andere dingliche Rechte an Grundstücken erwerben, vor Gericht klagen und verklagt werden kann — dann ferner, daß die persönliche Haftpflicht der Mitglieder für die Verbindlichkeiten der Genossenschaft einen bürgschaftartigen Charakter annimmt.

Von der Verwaltung und Organisation einer eingetragenen Genossenschaft kann man nicht sprechen, ohne zunächst darauf hinzuweisen, daß der Zweck derselben „mittels gemeinschaftlichen Geschäftsbetriebes" der Mitglieder verfolgt wird (§ 1 des Gesetzes), mit anderen Worten unter Betonung des allgemein geläufigen Grundsatzes: Die Genossenschaft beruht auf der Selbstverwaltung ihrer Mitglieder. Dies ist das wirthschaftliche und sittliche Fundament, welches bei der gesammten Organisation nicht aus dem Auge verloren werden darf. „Das unseren Vereinen zu Grunde gelegte Prinzip der Selbsthülfe — sagt Schulze-Delitzsch in seinem Buche „Vorschuß- und Kreditvereine als Volksbanken" — bedingt nicht blos das passive Eintreten der Mitglieder in die Gesammthaft, als Kreditbasis des Vereinsgeschäfts, sondern auch ihre möglichst aktive Betheiligung bei der Ordnung und höchsten Entscheidung der Vereinsangelegenheiten, welche sie allein in der Generalversammlung ausüben. Wenn daher auch die eigentliche Verwaltung und Geschäftsführung besonderen Vereinsbeamten wird anvertraut werden müssen, so wird doch der Gesammtheit der Vereinsmitglieder unmittelbar vorzubehalten sein

a) die oberste konstituirende und normgebende — sozusagen gesetzgebende Gewalt, d. h. die Bestimmung über die rechtliche und geschäftliche Grundlage, Zweck und Ausdehnung der Gesellschaft;

b) die Festsetzung der maßgebenden Grundsätze für die Verwaltung und oberste Aufsicht über dieselbe.

Dies ist der Rahmen, in dem das Statut die Befugnisse der Generalversammlung zu ordnen hat, in dem aber auch gleichzeitig die Mitglieder ihre Rechte wahrzunehmen haben. Kaum in einer Bestimmung des Genossenschaftsgesetzes kommt der Gedanke der Selbstverwaltung, der Gleichheit aller Mitglieder, ob reich oder arm, der Gedanke der Selbstverwaltung so klar und deutlich zum Ausdruck, wie in der Vorschrift des § 41: Jeder Genosse hat in der Generalversammlung eine Stimme; ein Grundprinzip, an dem durch das Statut nicht gerüttelt werden darf.

Kommt nun aber dieser Gedanke allen Mitgliedern der Kreditgenossenschaften zum Bewußtsein? Leider muß die Frage mit „nein“ beantwortet werden; wäre es der Fall, wir hätten schwerlich den Zusammenbruch einer Genossenschaft zu verzeichnen und die Klage über schlecht besuchte Generalversammlungen würde nicht so allgemein sein. Die Gründe hierfür sind mannigfacher Art. Es ist nicht mehr der Reiz der Neuheit, welcher wie in den 50er und 60er Jahren die Mitglieder in die Generalversammlungen führte, es gilt nicht mehr neue Grundsätze für die Leitung auffinden, der Genossenschaft durch innere und äußere Hindernisse den Weg bahnen — die Genossenschaft beruht auf rechtlich gesicherter Grundlage, jahrzehntelange Erfahrungen Tausender Vorgänger liefern das Vorbild, die Mitglieder sehen in der Genossenschaft ein Kreditinstitut, wie es zu Tausenden in ähnlicher Weise besteht. In den ersten Jahrzehnten waren die Mitglieder von der sozialen Aufgabe der Genossenschaften durchdrungen, heute sehen sie in denselben fast ausschließlich wirthschaftliche Unternehmungen, deren Gedeihen wesentlich von der Tüchtigkeit der Verwaltung abhängt. Es fehlt an einer allgemeinen Kenntniß der Aufgaben der wirthschaftlichen und sittlichen Ziele der Genossenschaften, die heute noch genau die gleichen sind, wie in den ersten Jahrzehnten der Entwicklung. Dazu kommt aber in vielen Genossenschaften noch ein Umstand, der vielleicht der schwerwiegendste ist: das Streben der Verwaltung, sich selbständig von der Generalversammlung zu machen, die Kompetenzen derselben auf das gesetzlich zulässige Mindestmaß zu beschränken, um selbstherrlich die Geschäfte leiten, die Genossenschaft entwickeln zu können — vielleicht nach Zielen hin, auf Grundlagen, welche dem Wesen der Genossenschaft durchaus zuwider sind. Nimmt dann die Ausdehnung des Geschäftsbetriebes zu, wächst der Umsatz, werden die Kreditbedürfnisse der Mitglieder in ausreichendem Maße befriedigt, so sind diese zufriedengestellt, sie prüfen nicht, ob der Aufbau auf wirthschaftlich solider Basis beruht, sie bringen der Verwaltung das größte Vertrauen entgegen. Die Verwaltung wieder fordert schließlich ein solch weitgehendes Vertrauen, sie läßt sich in ihre geschäftlichen Grundsätze nicht hineinreden — der Erfolg ist ja zunächst auf ihrer Seite — der schwache Besuch der Generalversammlung wird sogar als der Ausdruck des Vertrauens betrachtet. Es geht doch alles gut, die Genossenschaft erfüllt ihren Zweck — weswegen denn Aufklärung fordern, die möglicherweise als chikanöse Opposition aufgefaßt werden könnte? Dies ist der regelmäßige Gedankengang fast aller Mitglieder der meisten Kreditgenossenschaften — bis das Unglück hereinbricht! Dann wird der Sünder gesucht, jeder schiebt die Schuld auf den anderen, und doch waren sie alle nicht schuldlos, denn hätte ein jedes Mitglied seine Rechte wahrgenommen, sich erinnert, daß jede Genossenschaft auf der Selbstverwaltung beruht, der Zusammenbruch wäre gewiß nicht eingetreten. Dies läßt sich von Fall zu Fall nachweisen. Deswegen muß es als unbedingtes Erforderniß aufgestellt werden, daß sich die Mitglieder an der Hand von Gesetz und Statut über ihre Rechte unterrichten und daß sie diese Rechte mit peinlicher Sorgfalt wahrnehmen. Die Wahrnehmung dieser Rechte gehört ebenso zu ihren Pflichten, wie die Einzahlung auf den Geschäftsantheil, die pünktliche Erfüllung aller ihrer Verpflichtungen gegenüber der Genossenschaft.

Es mögen nachstehend die wichtigsten Rechte der Mitglieder, welche dieselben in der Generalversammlung auszuüben haben, kurz zusammengefaßt werden. Zunächst kommen nach dem Gesetze in Betracht:

1. Mitwirkung bei jeder Abänderung des Statuts, der wichtigsten wie der scheinbar geringfügigsten.

2. Die Festsetzung des Gesammtbetrages, welchen Anleihen der Genossenschaft und Spareinlagen bei derselben nicht überschreiten dürfen, wie der Grenzen, welche bei Kreditgewährungen an Genossen eingehalten werden sollen; kaum ein anderes Recht der Mitglieder steht diesem an Bedeutung gleich.

3. Die Genehmigung der Bilanz, die Beschlußfassung über Gewinn und Verlust.

4. Die Wahl der Aufsichtsrathmitglieder — also der Männer, welche den Vertrauensausschuß der Genossen bilden und von deren sorgsamer und uneigennütziger Kontrole der Geschäftsführung wesentlich die Entwicklung der Genossenschaft auf gesunder Grundlage abhängt.

5. Jederzeitige Enthebung der Vorstands- und Aufsichtsrathsmitglieder (mit $^3/_4$-Mehrheit der Erschienenen).

Es würde nun aber dem Grundsatz des § 1 des Gesetzes, daß die Genossenschaft die Förderung des Erwerbes oder der Wirthschaft ihrer Mitglieder mittels gemeinschaftlichen Geschäftsbetriebes bezweckt — dem Grundsatze der Selbstverwaltung und der durch die persönliche Haftpflicht der Mitglieder so weitgehenden Selbstverantwortlichkeit wenig entsprechen, wollte man sich auf diese gesetzlichen Rechte beschränken. Das Statut muß weiter gehen, es muß der Kompetenz der Generalversammlung zum mindesten noch folgende Angelegenheiten vorbehalten:

1. Erwerb und Veräußerung von Grundeigenthum;

2. Wahl der Vorstandsmitglieder — und zwar am zweckmäßigsten auf Vorschlag des Aufsichtsraths;

3. die oberste Entscheidung über alle gegen die Geschäftsführung des Vorstandes und Aufsichtsraths eingebrachten Beschwerden;

4. die Genehmigung der die Geschäftsführung des Vorstandes und Aufsichtsraths regelnden Geschäftsanweisungen, sowie der Geschäftsordnungen für einzelne Geschäftszweige.

Bedauerlicherweise stößt man bei der Verwaltung entwickelterer Genossenschaften auf eine gewisse Scheu, die Kompetenz der Generalversammlung auszudehnen, indem man vorgiebt, die Mitglieder verständen nichts von den Grundsätzen der Geschäftsführung, hätten auch kein Interesse dafür. Dem ist entgegenzuhalten, daß der erste Grund sehr schwach ist, denn man muß nur bedenken, daß die Mitglieder die persönliche Haftpflicht tragen für die Dritten gegenüber unbeschränkte Vertretung des Vorstandes; nicht schwerwiegender ist der zweite Grund, denn fehlt es an Interesse, so gehört es zu den Aufgaben der Verwaltung, das Interesse hervorzurufen, und es wäre pflichtwidrig, mangelndes Interesse dazu zu benutzen, um die eigenen Befugnisse auszudehnen. Vor allem aber, wie Schulze-Delitzsch, der Mann der praktischen Theorie, in dem erwähnten Buche hervorhebt, ist „stets zu bedenken, daß man durch eine zu große Scheu vor Generalversammlungen in Gefahr geräth, den geistigen Theil der Aufgabe unseres Genossenschaftswesens zu verfehlen. Unzweifelhaft besteht dieser darin, daß die Mitglieder der Vereine allmälig zur Einsicht in die Bedingungen und Operationen des gemeinsamen Geschäfts herangebildet und auf diese Weise mehr und mehr zum Eintritt in die Verwaltung fähig gemacht werden, was eben nur durch Verhandlung der wichtigsten Geschäftsfragen in den Generalversammlungen möglich wird." Es könnte, um diesen Zweck zu erreichen, fast als ein ideales Ziel bezeichnet werden, wenn eine Genossenschaft dahin gelangt, mit den Mitgliedern des Aufsichtsraths möglichst oft wechseln zu können, so daß häufig „frisches Blut" in den Aufsichtsrath kommt und andererseits der Kreis der Mitglieder in der Generalversammlung immer größer wird, welcher sachgemäß die Vorlagen der Verwaltung prüfen kann.

Es darf jedenfalls nie vergessen werden, daß die Kreditgenossenschaft nicht blos Kredit zu gewähren und Dividende zu vertheilen hat, sondern daß ihr auch die „Erziehung unserer weniger bemittelten Gewerbetreibenden zur Selbsthülfe" obliegt. Es ist mehr im Interesse der Genossenschaft gelegen, wenn die Verwaltung zu schwerfällig wird, es bringt geringeren Schaden, wenn die Generalversammlung in ihrem Beschluß gelegentlich irrt, als wenn die Selbstverwaltung in der Genossenschaft unter der Bevormundung der Mitglieder des Vorstandes und Aufsichtsraths erstarrt.

2. Vorstand und Aufsichtsrath.

Die eingetragene Genossenschaft besitzt Rechtspersönlichkeit, die Generalversammlung, in welcher die Mitglieder ihre Rechte auszuüben haben, ist das „konstituirende und gesetzgebende" Organ; zur Vertretung Dritten gegenüber bedarf die Genossenschaft eines weiteren Organs: dies ist der Vorstand. Der Vorstand ist ein Organ der Genossenschaft, er ist nicht etwa Bevollmächtigter der einzelnen Mitglieder, sondern der gesetzliche Vertreter der mit Rechtspersönlichkeit ausgestatteten Genossenschaft. Zum Zwecke der Geschäftsführung derselben und in dieser Stellung ist er Dritten gegenüber in seinen Handlungen unbeschränkt und unbeschränkbar. Werden seiner Vertretung, seinen Befugnissen Schranken durch das Statut gezogen, so hat dies nur die Bedeutung, daß er für jede Uebertretung persönlich der Genossenschaft verantwortlich wird. Solche Schranken zu ziehen erscheint aber um so nothwendiger, wenn man erwägt, daß für die Rechtshandlungen des Vorstandes nicht nur das Vermögen der Genossenschaft, sondern auch die persönliche Haftpflicht der Mitglieder einzustehen hat.

Diese weitgehende Vertretungsbefugniß des Vorstandes, der an Umfang die Vertretung keiner anderen Gesellschaftsart gleichkommt, gebietet die größte Vorsicht bei der Wahl der Vorstandsmitglieder. Das Gesetz sieht Wahl der Vorstandsmitglieder durch die Generalversammlung vor, überläßt aber dem Statut eine andere Art der Festsetzung der Bestellung, und in der Praxis hat sich am besten Wahl durch die Generalversammlung auf Vorschlag des Aufsichtsraths bewährt, damit ist das Recht der Mitglieder gewahrt und andererseits bedenklichen Wahlumtrieben nach Möglichkeit vorgebeugt, wie auch dem Vorstande eine vom Aufsichtsrath unabhängige Stellung gesichert.

Dem Vorstande liegt außer der Vertretung Dritten gegenüber die innere Geschäftsführung ob, und es mag hier insbesondere auf die Pflicht für ordentliche Buchführung, für sorgfältige Aufstellung der Bilanz und Berichterstattung hingewiesen werden, und zwar letzteres in einer Form, daß den Mitgliedern auch durch den Geschäftsbericht ein Einblick in die Lage der Genossenschaft gewährt wird. Das sind *gesetzliche* Obliegenheiten des Vorstandes, und es ist wohl zu beachten, daß ein jedes Vorstandsmitglied mit der Sorgfalt eines ordentlichen Geschäftsmannes für die Ausführung verantwortlich ist.

Eine Schranke für die Vertretung hat das Gesetz selbst gezogen, welches in § 25 fordert, daß wenn im Statut nichts über die Art der Zeichnung durch den Vorstand enthalten ist, diese durch sämmtliche Mitglieder des Vorstandes erfolgen muß, daß ferner weniger als zwei Mitglieder des Vorstandes hierfür nicht bestimmt werden dürfen. Die Vorschrift ist wegen der weitgehenden Vertretungsbefugniß des Vorstandes getroffen; es soll durch dieselbe verhindert werden, daß die Geschäftsführung in die Hände *einer* Person gelegt wird.

In Folge dieser Erwägung ist den Genossenschaften des allgemeinen Verbandes jene Einschränkung auch bereits lange, ehe das Gesetz dieselbe forderte, empfohlen worden, und um der Beschränkung volle Wirksamkeit zu verleihen, ist durch Wort und Schrift stets dafür gewirkt, daß alle Vereinsgeschäfte in bestimmten Geschäftsstunden erledigt werden, und daß in diesen zwei Vorstandsmitglieder anwesend sind.

Wir erklärten für nothwendig, dem Vorstande durch das Statut für seine Geschäftsführung der Genossenschaft gegenüber Schranken zu ziehen. Dies kann in zweierlei Weise geschehen, indem ihm durch das Statut die Vornahme gewisser Geschäfte überhaupt untersagt wird, oder die Ausführung von der Zustimmung eines andern Organs — der Generalversammlung, des Aufsichtsraths — abhängig gemacht wird.

Für die Befugnisse der Generalversammlung mit Bezug auf die Verwaltung der Genossenschaft haben wir die wichtigsten Grundsätze aufgestellt. Es wird nun zu prüfen sein, inwieweit der Vorstand für die Geschäftsführung an die *Zustimmung des Aufsichtsrathes* zu binden ist, wobei wiederholt hervorgehoben werden mag, daß es sich dabei nur um Einschränkungen für den *inneren* Geschäftsverkehr der Genossenschaft handelt.

Bevor die Thätigkeit des Aufsichtsrathes nach dieser Richtung hin geschildert wird, muß dessen Stellung in der Genossenschaft klargestellt werden. Der Aufsichtsrath ist neben Vorstand und Generalversammlung das dritte nothwendige Organ.

Der Aufsichtsrath ist bestimmt, die Gesammtheit der Mitglieder, wie sie in der Generalversammlung organisirt ist, dem Vorstande gegenüber zu vertreten und an Stelle der Generalversammlung, unter deren Aufsicht die ganze Führung der Geschäfte des Vereins zu überwachen. Der Aufsichtsrath erscheint seinem Wesen nach als eine verkürzte Generalversammlung, als ein „Gesellschafts-Ausschuß" zur Ueberwachung der Gesammtgeschäftsführung.

Aus dieser Stellung ergiebt sich als selbstverständlich die Bestimmung des Gesetzes, daß die Mitglieder des Aufsichtsrathes nur durch die Generalversammlung gewählt werden dürfen.

Der Vorstand also hat die Geschäftsführung, der Aufsichtsrath die Kontrole derselben — dies ist die gesetzliche Theilung der Thätigkeit beider Organe, welche die Grundlage bieten muß auch für die Uebertragung anderer als rein kontrolirender Obliegenheiten an den Aufsichtsrath. Daraus folgt, daß dem Aufsichtsrathe nicht die Geschäftsführung übertragen werden kann, sondern mit Bezug auf dieselbe nur eine solche Thätigkeit, welche seinen Obliegenheiten als Kontrol-Organ den größten Nachdruck und Erfolg verleiht. Mit vollem Rechte ist in der Begründung des Genossenschaftsgesetzes darauf hingewiesen, daß es sich nicht empfiehlt, den Aufsichtsrath ausschließlich auf eine kontrolirende Thätigkeit im engsten Sinne zu beschränken, d. h. ihm jede entscheidende Mitwirkung bei der inneren Verwaltung schlechthin zu entziehen. Als bloß beobachtendes Organ und ohne jedes maßgebende Bestimmungsrecht würde derselbe leicht das Interesse an der Kontrole und die Befähigung zu dieser verlieren. Dem entsprechend besteht bei den meisten Genossenschaften die Einrichtung, daß über gewisse Gegenstände Vorstand und Aufsichtsrath gemeinsam zu berathen haben, oder daß der erstere dabei an die Genehmigung des Aufsichtsraths gebunden ist. Es ist dem Aufsichtsrathe bei den wichtigsten Angelegenheiten der Geschäftsführung das Recht des Vetos beigelegt.

So hat es sich in der Praxis bewährt, bei den folgenden Angelegenheiten den Vorstand an die Genehmigung des Aufsichtsrathes zu binden:

1. bei Kreditgewährungen und Prolongationen,
2. bei Aufnahme von Anlehen über eine bestimmte Grenze hinaus,
3. bei Anknüpfung und Aufhebung von Geschäftsverbindungen mit Bankhäusern,
4. bei der Bestimmung über die Anlegung des Reservefonds,

und ferner hat sich als im Interesse der Genossenschaft ergeben, daß über Angelegenheiten, welche als Feststellung bestimmter Geschäftsgrundsätze bezeichnet werden können, z. B. Festsetzung der Zinsen, der Geschäftsordnung u. s. w., Vorstand und Aufsichtsrath gemeinsam berathen, um dann als Organe getrennt darüber dergestalt zu beschließen, daß zur Annahme eines Antrages die Mehrheit der Stimmen sowohl der anwesenden Mitglieder des Vorstandes, als der anwesenden Mitglieder des Aufsichtsrathes gehört. Diese getrennte Beschlußfassung ist erforderlich, einmal weil gemeinschaftliche Abstimmung vom Vorstande und Aufsichtsrathe nach Köpfen dem Gesetze zuwider zu sein scheint, dann auch, weil bei Abstimmung nach Köpfen der Vorstand durch den Aufsichtsrath überstimmt werden kann, was mit der Stellung und Verantwortung des Vorstandes unvereinbar ist. In dieser Weise wird das Statut von § 36 des Gesetzes Gebrauch machen, wonach dasselbe „weitere Obliegenheiten" des Aufsichtsrathes bestimmen kann.

Neben diesen statutarischen Obliegenheiten gehen die gesetzlichen, welche dahin zusammenzufassen sind: Der Aufsichtsrath hat die Geschäftsführung in allen Zweigen der Verwaltung zu überwachen und muß sich deßhalb über den Gang der Verwaltung stets unterrichtet halten; insbesondere hat er die vom Vorstande gelegten Rechnungen, wie hauptsächlich die Jahresrechnung, die Bilanz zu prüfen, um danach der Generalversammlung Vorschläge für Gewinn- und Verlustvertheilung zu machen.

Zieht man weiter in Betracht, daß ein jedes Mitglied des Aufsichtsraths bei dieser Thätigkeit die Sorgfalt eines ordentlichen Geschäftsmannes anzuwenden hat, so ergiebt sich allerdings eine recht schwere Verantwortung, welche der Gewählte mit der Uebernahme des Amtes auf sich nimmt.

Nach den jahrzehntelangen Erfahrungen kann aber nicht scharf genug auf diese Verantwortung hingewiesen werden, denn bei jedem Zusammenbruch haben sich die Aufsichtsrathsmitglieder damit vergeblich zu decken versucht, daß ihnen der Umfang ihrer Thätigkeit nicht bekannt war. Das ist selbstverständlich kein stichhaltiger Einwand; wer ein Amt annimmt, muß sich die nöthige Kenntniß für dessen ordnungsmäßige Verwaltung verschaffen, falls er dieselbe nicht schon besitzt.

Um der vielfach vorhandenen Unkenntniß der Aufsichtsrathsmitglieder über ihre Obliegenheiten im einzelnen entgegenzutreten, ist den Genossenschaften seitens des Allgemeinen Verbandes stets empfohlen, für Vorstand und Aufsichtsrath Geschäftsnachweisungen, welche die Thätigkeit dieser Organe im einzelnen darstellen, einzuführen. Probe-Geschäftsanweisungen sind auf den allgemeinen Vereinstagen berathen und beschlossen. Diese Anweisungen haben sich bewährt, sie haben freilich hier und da auch einen zurückgeschreckt, das Amt zu übernehmen. Das ist jedoch eher ein Vorzug als ein Nachtheil, denn der Genossenschaft ist nicht mit Personen im Aufsichtsrath gedient, die da glauben, ihre persönlichen Vortheile wahrnehmen zu können und willfährige Werkzeuge des Vorstandes werden.

Besonders gefährlich wird der Genossenschaft, wenn sich im Vorstand und Aufsichtsrath Personen befinden, welche diese Stellung im eigenen persönlichen Interesse verwerthen wollen, und es mag hier daher darauf hingewiesen werden, daß es mit großer Gefahr für die Sicherheit der Genossenschaft verbunden ist, wenn den Vorstandsmitgliedern gestattet wird, den Kredit in Anspruch zu nehmen, und wenn den Aufsichtsrathsmitgliedern die Kreditentnahme bewilligt wird, ohne daß die strengsten Kautelen gegen eine Ausnutzung der Genossenschaft für private Vortheile geschaffen sind. Fehlt es an solchen Vorsichtsmaßregeln, dann werden bald die Höchstbelasteten im Aufsichtsrath sitzen, und die Folge wird sein, daß auch den Mitgliedern gegenüber leichtfertige Kreditgewährung platzgreift, daß die Bilanzen mangelhaft kontrolirt werden. Das eine zieht das andere nothwendigerweise nach sich.

Zu der wichtigsten Pflicht des Aufsichtsraths gehört die Prüfung der Jahresrechnung, dazu ist folgendes nothwendig: Feststellung ob am Schluß des Jahres der Istbestand dem Sollbestand entspricht, zu welchem Zweck der Aufsichtsrath bei der Inventur zugegen sein muß — Prüfung des buchmäßigen Abschlusses — Prüfung der Richtigkeit der Aufnahme in die Bilanz, d. h. der Bonität der Außenstände. Läßt es der Aufsichtsrath nach einer dieser Richtungen hin fehlen, so vernachlässigt er seine gesetzlichen Obliegenheiten und hat für allen daraus entstehenden Schaden zu haften. Gestattet es aber der Aufsichtsrath, daß Außenstände zweifelhaften Werthes als vollwerthig aufgenommen werden, so macht er sich sogar strafbar.

Einem der Genossenschaft gefährlichen Vorstande gegenüber hat das Gesetz dem Aufsichtsrathe die schärfsten Waffen ertheilt, der Aufsichtsrath ist berechtigt, ein Vorstandsmitglied jederzeit vom Amte zu suspendiren.

Wir glauben hiermit ein Bild von der Thätigkeit der Organe der Genossenschaft, insbesondere auch von den Obliegenheiten derselben gegeben zu haben. Das Gedeihen der Genossenschaft aber hängt nicht nur davon ab, daß Vorstand und Aufsichtsrath ihre Schuldigkeit thun, sondern auch davon, daß die Mitglieder der Genossenschaft ihre Rechte mit Bezug auf die Geschäftsführung wahrnehmen, daß nie vergessen wird, daß der Zweck der Genossenschaft „mittels gemeinschaftlichen Geschäftsbetriebes“ aller Genossen verfolgt wird.

Es ist falsch, eine Kreditgenossenschaft nur nach ihren vielleicht von Jahr zu Jahr steigenden Umsätzen zu beurtheilen, weit wichtiger als die Größe des Geschäfts ist, ob die Grundlage eine solide ist, ob die Geschäftsführung nach Grundsätzen gehandhabt wird, die vom genossenschaftlichen wie vom wirthschaftlichen Gesichtspunkte aus für richtig zu erachten sind, bei denen dem Wesen, der wirthschaftlichen und sittlichen Aufgabe der Genossenschaft vollkommen Rechnung getragen wird.

III.

Die Leistungen einer Volksbank.

1. Die Kreditgewährung.

Schon in der ersten Auflage (1855) führte Schulze-Delitzsch's praktische Anleitung zur Gründung und Einrichtung von Kreditgenossenschaften den Titel: „Vorschuß- und Kreditvereine als Volksbanken.“ Die Arbeiter und kleinen Handwerker, denen der in Deutschland noch wenig entwickelte Bankverkehr völlig verschlossen war, sollten sich durch Kreditgenossenschaften ohne Beihülfe des Staates, unter strengem Ausschluß der privaten Mildthätigkeit auf genossenschaftlichem Wege den Personalkredit verschaffen, dessen sie bedurften. In einigen mittleren und größeren Städten wandte sich der aufblühende Mittelstand dem Unternehmen Schulze's zu. Die durch die Solidarhaft verbundenen Mitglieder der neuen Kreditgenossenschaften fanden nach Schulze's Rathschlägen bald die geeignete Organisation und beschafften sich das Kapital, um dann auch dem Mittelstande in den im Großverkehr üblichen Geschäftsformen den erforderlichen Personalkredit zu gewähren. So wurden Schulze's Vorschußvereine wirkliche „Volksbanken“, die neben der Kreditgewährung in den verschiedensten Formen auch Ansammlung der Ersparnisse und Kassenführung für die kleinen und mittleren Gewerbetreibenden besorgten.

Schon 1869 hatten von Schulze-Delitzsch zur Verbreitung empfohlene Flugblätter entwickelt, was ein guter Vorschußverein leisten könne, was er leisten müsse, so bald er die in gut organisirten Vereinen üblichen Geschäftsbranchen sämmtlich bei sich einführe und nach volkswirthschaftlich richtigen Grundsätzen betreibe. Der Verein müsse dann nicht bloß dem städtischen Gewerbetreibenden den ihm nöthigen Kredit verschaffen, sondern auch das Bedürfniß des Landwirths nach Personalkredit vollständig befriedigen; er müsse gleich den schottischen Banken durch laufende Rechnungen (Kontokorrent mit Checkbuch) allen Gewerbetreibenden in Stadt und Land das zeitweise überflüssige Geld verwahren und nutzbringend verwalten; er biete die besten und sichersten Sparkassen für Arbeiter, Dienstboten u. s. w.; er müsse besser und billiger als die Bankiers mit Hülfe des von der Deutschen Genossenschaftsbank von Soergel, Parrisius & Co. gegründeten Giroverbandes (der Giroverband der Reichsbank ist eine weit spätere Gründung) den Gewerbetreibenden ihre Geschäftswechsel diskontiren und Zahlungen nach anderen deutschen Plätzen vermitteln; endlich müsse er die wirthschaftliche und sittliche Erziehung seiner Mitglieder dadurch fördern, daß er nach den strengen Grundsätzen Schulze-Delitzsch's nur dem gesunden Kredite dient.

Das eigentliche Geschäft des Vorschußvereins, die Kreditgewährung, erfolgt in folgenden Formen: Darlehne oder Vorschüsse auf Schuldscheine oder Wechsel; Diskontirung (Ankauf) von Geschäftswechseln; Beleihung von Werthpapieren (Lombardirung); Kredit in laufender Rechnung (Kontokorrent).

a) Das Vorschußgeschäft.

Die Ausleihungen fanden in den ersten Jahren der Kreditvereine gegen einfache Schuldscheine mit Bürgschaft statt. Die Wechselordnung mit der allgemeinen Wechselfähigkeit war seit 1849 zwar überall in Deutschland eingeführt, aber es bedurfte einiger Jahre, bevor sich der Wechsel in den Kreisen der Handwerker, Gewerbetreibenden und Landwirthe einbürgerte. In dem Statut des Vorschußvereins zu Delitzsch, wie es Schulze in dem „Assoziationsbuch für deutsche Handwerker und Arbeiter" 1853 mittheilt, war von Wechseln noch keine Rede. Es brachte nur ein Formular für Schuldscheine. Schon in der zweiten Auflage seines Buches „Vorschuß- und Kreditvereine als Volksbanken" 1859 empfahl er für die „entwickelteren Vereine in Mittel- und größeren Städten, wo Handel und Produktion auch bei den Handwerkern einen großen Aufschwung nehmen", den Wechsel anstatt des einfachen Schuldscheines mit Bürgschaft.

Auf dem Genossenschaftstage zu Stettin 1865 wurde den Kreditgenossenschaften empfohlen, sich in allen Fällen, wo es sich um einen einfachen Vorschuß an ihre Kunden handelte, der trockenen (eigenen) Wechsel — der Vorschußwechsel — zu bedienen.

„Als vorzügliches Mittel, Pünktlichkeit in Erfüllung von Verpflichtungen und rasche Rechtshülfe zu fördern*) einerseits, sowie andererseits seiner leichten Uebertragbarkeit halber dringt der Wechsel auch in die Reihen unserer Kleinbürger und Landleute. Nur vereinzelt waltet noch bei unbemittelten Handwerkern kleiner Orte

*) Erst durch die Civilprozeßordnung vom 1. Oktober 1879 ist im Urkundenprozeß die Möglichkeit gegeben, die Klage aus dem Schuldschein zu beschleunigen.

und Besitzern kleiner Ackerwirthschaften, bei Beamten und selbstständigen Arbeitern eine gewisse Scheu dagegen ob, welcher man bei solchen kleinen Objekten besonders dann nachgeben mag, wenn damit die Stempelfreiheit eines solchen Dokuments im Gegensatz zum Wechsel zusammenhängt." (Schulze, fünfte Auflage, S. 165.)

Den Vorschußwechsel, der auf bestimmte Frist ausgestellt wird, unterzeichnet nicht bloß der Schuldner, sondern auch der Bürge. Dieser fügt seinem Namen die Worte „als Bürge" hinzu. Die Beifügung dieser Worte schützt den Bürgen nicht davor, als Hauptverpflichteter verklagt zu werden. Aber sie empfiehlt sich, um dem zahlenden Bürgen den wechselmäßigen Regreß an den Schuldner, sowie an etwaige weitere Bürgen vorzubereiten. Beim eigenen Wechsel bedarf es zur Erhaltung des Wechselrechts gegen die Aussteller weder der Präsentation, noch der Protesterhebung. Die Zahlung kann binnen der dreijährigen Verjährungsfrist gegen die Aussteller eingefordert werden. In einzelnen Landestheilen*) ist der Schuldschein mehr als der Wechsel als Form der Vorschußgewährung in Gebrauch geblieben. Die statistischen Jahresberichte haben aber ergeben, daß in solchen Landestheilen bei vielen Vereinen bedeutende Zinsrückstände anwachsen, namentlich wenn wiederholte Prolongationen zugelassen werden. Der diesjährige Genossenschaftstag in Gotha hat deßhalb beschlossen, den Kreditgenossenschaften zu empfehlen, auch bei den gegen Schuldscheine gewährten Darlehen auf bestimmte Zeit die Zinszahlung vierteljährlich vorauszahlbar auszubedingen, auf pünktliche Rückzahlung zu bestehen und Rückstände an Kapital und Zinsen nicht aufkommen zu lassen.

Manche größeren Vereine bedienen sich auch für die reinen Vorschußgeschäfte des gezogenen Wechsels, bei welchem der Bürge als Aussteller und der Vorschußempfänger als Acceptant auftritt. Ein Vortheil des gezogenen Wechsels auch bei Vorschüssen liegt in der erleichterten Möglichkeit, ihn weiterzubegeben.

Die Frist für Vorschüsse ist regelmäßig drei Monate oder darunter; doch ist dem Personalkredit der Landwirthe nur Genüge zu leisten, wenn die Rückzahlung der Vorschüsse erst nach der Erntezeit zu leisten ist; so lange Zahlungsfristen können aber nur solche Kreditgenossenschaften gewähren, die ausreichendes eigenes Vermögen besitzen und bei Aufnahme fremder Gelder sich geräumige Kündigungsfristen ausbedingen. (Beschluß des Genossenschaftstages zu Gotha 1893.)

b) Diskontirungsgeschäft.

Das Diskontiren von Geschäftswechseln — Wechsel zu kaufen, denen eine wirkliche Aktivforderung des Ausstellers zu Grunde liegt — gehört zu den solidesten Geschäften jedes Bankinstituts. (Schulze-Delitzsch, S. 179.)

Der Wechsel muß mindestens zwei gute Unterschriften — Unterschriften von zwei als zahlungsfähig bekannten Personen oder Firmen tragen.

---

*) Nach einer 1887 angestellten Untersuchung des Bankdirektors Thorwardt (Blätter für Genossenschaftswesen S. 202) war damals der Gebrauch des Schuldscheins im Verhältniß zum Wechsel und Kontokorrent am bedeutendsten in Hannover (29,46 pCt.). Dann folgt Baden mit 16,99 pCt. In Baden (16 pCt.) und in Hannover (13,5 pCt.) waren die höchsten Zinsrückstände. Bei der bedauerlichen Nicht-Betheiligung fast aller hannoverschen Vereine an der Statistik des allgemeinen Verbandes läßt sich nicht ermessen, wie heute die Verhältnisse stehen.

Solche Wechsel mit einer Verfallzeit von höchstens drei Monaten, „aus welchen in der Regel drei, mindestens aber zwei als zahlungsfähig bekannte Verpflichtete haften, zu diskontiren, zu kaufen und zu verkaufen", gehört zu den Hauptgeschäften der Reichsbank, sie macht sie direkt wie mit jedem Geschäftsmann, so mit jeder eingetragenen Kreditgenossenschaft, die nach der Bilanz als zahlungsfähig zu erachten ist. Die Gefahr bei dem Diskontiren von Geschäftswechseln besteht für Kreditgenossenschaften in der Schwierigkeit, Fälschungen zu entdecken und Kellerwechsel d. h. Reitwechsel mit der Unterschrift gar nicht vorhandener oder vermögensloser Personen als solche zu erkennen. Wo ein Kreditverein sich auch für Vorschüsse gezogener Wechsel bedient, muß er dieselben genau von den Geschäftswechseln sondern — erstere sind als „Reitwechsel" für den Verkehr minderwerthig. Der diesjährige Genossenschaftstag in Gotha hat eine Resolution angenommen:

„Die Diskontirung von Geschäftswechseln ist ein dem Wechseleinreicher gewährter Kredit. Die Gesuche zur Diskontirung von Wechseln unterliegen deshalb wie jedes andere Kreditgesuch den Vorschriften des Statuts über Kreditgewährung. Die Diskontirung nicht acceptirter Wechsel muß dringend widerrathen werden, es sei denn, daß der Einreicher für den zu diskontirenden Betrag noch anderweitige ausreichende Sicherheiten bestellt."

c) Lombardverkehr — Beleihung von Werthpapieren.

Die Kreditgenossenschaft kann Werthpapiere beleihen. Unbedenklich ist dies in betreff derjenigen Werthpapiere des Inlandes, die von der Reichsbank zu $^3/_4$ des Kurswerthes und derjenigen Papiere des Auslandes, die von der Reichsbank zur Hälfte beliehen werden. Größte Vorsicht ist nöthig bei Beleihung anderer Werthpapiere; Industriepapiere und ausländische Papiere, die bei der Börse keinen Kurs haben, zu beleihen, sollte die Kreditgenossenschaft den Bankiers überlassen. Keinesfalls sollte sie ihren Mitgliedern durch Beleihung von Werthpapieren das Spielen an der Börse erleichtern.

d) Kontokorrent — laufende Rechnung.

Der Genosse, der sich behufs Kreditgewährung eine laufende Rechnung einrichten läßt, darf bis zur bewilligten Höhe seinen Geldbedarf in beliebigen Beträgen entnehmen und darauf beliebig seine Rückzahlungen leisten. In der Regel kann der Kontoinhaber nach den Bedingungen, denen er sich zu unterwerfen hat, auch Zahlungen, die über seine Schuld hinauslaufen, bis zu gewisser Höhe leisten, so daß er zeitweilig Gläubiger des Vereins ist. Der Zinsfuß für sein Guthaben ist 2 pCt. niedriger, als für die Schuld. Die laufende Rechnung darf nicht zur Festlegung von Vorschüssen benutzt werden; mindestens zweimal im Jahre muß der Umsatz der in Anspruch genommenen Kreditsumme stattfinden, widrigenfalls Kündigung der laufenden Rechnung und Schließung des Kontos stattfindet. Die Sicherheit wird durch Depotwechsel, fällig eine bestimmte Zeit nach Sicht, und durch eine Generalbürgschaft oder durch Verpfändung von Werthpapieren bestellt.

Die Kreditgenossenschaften des Systems Schulze-Delitzsch werden oft von den Gegnern, freilich immer beweislos, beschuldigt, von ihren Mitgliedern bei Kreditgewährungen zu hohe Zinsen zu fordern, namentlich höher, als der Landwirth bezahlen könne. Wie steht es damit? In den ersten Schulze-Delitzschen Vorschußvereinen zahlte der Handwerker und Arbeiter anfänglich an Zins und Provision zusammen einen preußischen Pfennig vom Thaler die Woche, also 14⅓ pCt. aufs Jahr, was im Verhältniß zu dem dazumal bei Darlehen gezahlten Zinsen für billig galt; bei Anwachsen des unverzinslichen Fonds, der Guthaben, trat bald Ermäßigung auf 10 pCt. und dann auf 8 pCt., wohl auch auf 5 pCt. Zins und ½ pCt. Provisiion, d. h. bei Dreimonatsdarlehn 7 pCt. ein.

„Nur die größeren, dem bedeutenderen Verkehre des Mittelstandes in belebten Orten dienenden Vereine" — schreibt Schulze in seinem Buche 1876 — „gehen noch etwas weiter herunter, indem hier 6 bis 7 pCt. an Zins und Provision zusammen auf das Jahr gewöhnlich vorkommen, was in der That mit dem im Großbankverkehr vorkommenden Satze nahezu übereinstimmt."

Das war vor 18 Jahren! Damals erklärt Schulze auch, daß die Vereine ihren Gläubigern durchweg 4½ pCt. Zinsen zahlten. Seitdem ist das Geld in der Welt billiger geworden. Nach sorgfältigen statistischen Untersuchungen auf Grund des großen Jahresberichts des Anwalts Schenck ist nachgewiesen, daß im Jahre 1893 in den Kreditgenossenschaften des allgemeinen Verbandes für die fremden Gelder ein Durchschnitt von 3,53 pCt. Zinsen gezahlt sind und daß der von den Mitgliedern bei Kreditgewährungen zu zahlende Satz von Zins und Provision für das Jahr in der Regel 5 bis 6 pCt. bildet.

Der Zins- und Provisionsfuß muß bei den verschiedenen Arten der Kreditgewährung verschieden abgestuft sein und darf nicht etwa durch Statut oder Generalversammlungsbeschluß fixirt — muß vielmehr beweglich gehalten werden; der Vorstand hat die Höhe der Zinsen und Provisionen für die zu gewährenden Kredite mit Genehmigung des Aufsichtsraths zu bestimmen. Nicht zu empfehlen ist, die Beweglichkeit des Zins- und Provisionsfußes dadurch herzustellen, daß er mit jeder Diskontveränderung der Reichsbank zu steigen oder zu fallen hat.*)

Der Preis des Geldes auf dem Weltmarkt ist nicht einmal für Großbanken durchweg maßgebend. Eine gute Kreditgenossenschaft, die ein richtiges Verhältniß des eigenen Vermögens im Guthaben und Reserven zu den fremden Geldern nach den Grundlehren Schulze-Delitzsch's herstellt, die ferner den größten Theil der fremden Gelder zu festen Zinsen mit jährlicher und halbjährlicher Kündigungsfrist angeliehen hat, hat nicht nöthig, den Zins- und Provisionssatz bei der Kreditgewährung jedesmal sofort nach veränderten Bankdiskontsätzen neu zu reguliren.

Ein Beispiel, wie eine Kreditgenossenschaft mit großer Mitgliederzahl den Zins- und Provisionsfuß bei den verschiedenen Arten der Kreditgewährung angemessen ordnet, bietet der Geschäftsbericht des Vorschußvereins zu Insterburg, eingetragene Genossenschaft mit unbeschränkter Haftpflicht für 1893 (33. Geschäftsjahr) dar. Dieser Verein, dessen musterhafte Geschäftsberichte über alles, was irgend die Mitglieder interessiren könne, Aufschluß geben, hatte unter seinen 3719 Mitgliedern

*) Die Reichsbank hat nach § 15 des Bankgesetzes vom 19. März 1875 „jeweilig den Procentsatz öffentlich bekannt zu machen, zu welchem sie diskontirt oder zinsbare Darlehen ertheilt." Manche Kreditvereine gewähren die Kredite ein oder zwei Procent über Bankdiskontsatz oder Banklombardsatz.

1549 selbständige Landwirthe und 816 selbständige Handwerker. Sein eigenes Vermögen, fast 1½ Millionen Mark, betrug 46,4 pCt. des Betriebsfonds (Guthaben 40,2 pCt., Reserve 6,2 pCt.); 7 pCt. Dividende wurden vertheilt. Der höchste Kredit eines Mitgliedes war durch die Generalversammlung auf 30000 M. begrenzt. Im Geschäftsjahr 1893 hatte der Verein im Vorschußgeschäft gegen Wechsel 11348 Vorschüsse im Gesammtbetrage von 3960469 M. gewährt (davon 5740 unter 200 M., 3846 von 200 bis 500 M., 1257 von 500 bis 1000 M.), im Diskontogeschäft 4240 Wechsel im Gesammtbetrage von 5428970 M. diskontirt (darunter 2975 bis 1000 M.), im Kontokorrentgeschäft auf 236 Konten 605515 M. verausgabt, im Effektenlombardgeschäft auf 37 Konten 429650 M. dargeliehen. Das sind ganz erhebliche Leistungen einer Kreditgenossenschaft in Ostpreußen, in der nächst Pommern am schwächsten bevölkerten armen Provinz Preußens.

In Betracht kommt für die heutigen Tags trotz des billigen Zinsfußes nicht verstummenden agrarischen Klagen über mangelnden Personalkredit, daß die Landwirthe am Vorschußgeschäft mit 64 pCt. (in 7648 Posten), am Diskontgeschäft mit 55 pCt. (in 1881 Posten), und am Kontokorrentgeschäft mit 32,3 pCt. (in 50 Posten) betheiligt waren. Der über die Kreditnoth der Landwirthe klagende Agrarier bedauert vielleicht seine ostpreußischen Berufsgenossen wegen der gezahlten, ohne Zweifel hohen, Zinsen und Provisionen. Die Antwort giebt der Geschäftsbericht. Beim Vorschußverein zu Insterburg betrug der Zinsfuß (Provision wird nicht gefordert) im Kontokorrent das ganze Jahr 1893 6 pCt., für gezogene Wechsel und für Effekten-Lombard vom 1. Januar bis 14. April 4½, vom 15. April bis 31. Dezember 1893 5 pCt., für trockene Wechsel vom 1. Januar bis 14. April 5 pCt., vom 15. August bis Jahresschluß 5½ pCt. In demselben Jahre 1893 betrug, wie das statistische Jahrbuch für das deutsche Reich bezeugt, der Reichsbank-Zinsfuß für Wechsel vom 17. Januar bis 11. Mai 3 pCt., vom 1. bis 16. Januar und vom 12. Mai bis 10. August 4 pCt., vom 11. August bis 31. Dezember 5 pCt. Nun vergleiche man: bei dem Vorschußverein zu Insterburg war der Zinsfuß für trockene Wechsel 3 Monat 26 Tage 2, für 9½ Monate 1, für 4 Monate 7 Tage ½ pCt. höher als der der Reichsbank, und für 3 Tage dem der Reichsbank gleich, — und der Zinsfuß für gezogene Wechsel und Effektenlombard für 3 Monate 26 Tage 1½, für 3½ Monate ½ pCt. höher als der der Reichsbank, für 4 Monate 17 Tage war er dem der Reichsbank gleich und für 3 Tage noch ½ pCt. niedriger als der der Reichsbank.

Daß diese Kreditgenossenschaft seinen meist aus kleinen und mittleren Gewerbetreibenden und Landwirthen in Stadt und Land bestehenden Mitgliedern, denen sie für ihre Geschäftsguthaben sieben Procent Dividende zahlt, zu so niedrigem Zins- und Provisionssatz den Personal-Kredit in den verschiedensten Formen gewähren, und sich dabei den Schwankungen des Geldmarktes gegenüber die Freiheit selbständiger Entschließung vorbehalten kann, ist freilich nur möglich, weil sie bei Beschaffung ihrer Mittel an Guthaben und Anlehen stets sorgsam nach den Rathschlägen Schulze-Delitzsch's verfahren ist und eine ausgezeichnete und billige Verwaltung hat, — die Gehälter betrugen nur 0,5 pCt. des Betriebsfonds. Wie bereits erwähnt, arbeitet der Vorschußverein zu

Insterburg mit einem eigenen Vermögen von 46,4 pCt. des Betriebsfonds; die fremden Gelder, Darlehen zum Gesammtbetrage von 1702082 M., aber vertheilen sich auf:

a) Depositen zur täglichen Abhebung zu 1 pCt. Zinsen (120 Konten)	11,7 pCt.
b) Depositen mit 3monatl. Kündigung zu 2½ pCt. Zinsen (60 Konten)	4,3 „
c) Depositen mit 6monatl. Kündigung zu 3 pCt. Zinsen (328 Konten)	20,1 „
d) Depositen mit 12monatl. Kündigung zu 3½ pCt. Zinsen (276 Konten)	22,7 „
e) Spareinlagen mit 6monatl. Kündigung zu 3 pCt. Zinsen — auf 2847 Konten (von einem Einleger nicht mehr als 1000 M.)	41,2 „
Zusammen	100,0 pCt.

Jede Kreditgenossenschaft des Systems Schulze-Delitzsch mit bankmäßiger Organisation und mit Vorstands- und Aufsichtsrathsmitgliedern, die nicht blos ihren durch Gesetz und Statut ihnen auferlegten Pflichten getreulich nachkommen, sondern auch — wie Schulze auf dem letzten von ihm besuchten Genossenschaftstage zu Darmstadt von sich sagte — sich niemals für zu alt halten, zu lernen, ist vollständig im Stande, ihren Mitgliedern, gleichviel ob sie Kaufleute, Handwerker, Landwirthe oder andere Gewerbetreibende sind, in denjenigen Grenzen, die schon durch die Solidarhaft geboten sind, den Personalkredit, den sie verdienen, in den unserm heutigen Verkehr angepaßten Geschäftsformen zu gewähren. Keine Kreditgenossenschaft sollte sich dauernd auf Vorschüsse gegen Bürgschaft oder Verpfändung von Werthpapieren beschränken, jede Kreditgenossenschaft sollte ihren Mitgliedern ihre Geschäftswechsel abkaufen und den mittleren Gewerbetreibenden und Landwirthen, deren Geschäftsbetrieb sich dazu eignet, eine laufende Rechnung mit Kreditgewährung eröffnen. Aber freilich, neue Geschäftszweige sollten, auch wenn mit größter Vorsicht und Umsicht verfahren wird, nur Vorstandsmitglieder einführen, welche die dazu ausreichende Kenntniß besitzen. Und vor allem sollten sie allen Großbankgelüsten standhaft widerstehen.

Charlottenburg, November 1894.

2. Andere Bankgeschäfte.

Neben der eigentlichen Kreditgewährung kann eine Volksbank ihren Mitgliedern noch durch andere Bankgeschäfte nützen. Auf diese findet der § 8 des Genossenschaftsgesetzes nicht Anwendung, der den Kreditgenossenschaften verbietet, ihren Geschäftsbetrieb, soweit er in einer dem Zweck ihres Unternehmens verfolgenden Darlehnsgewährung besteht, auf andere Personen außer den Mitgliedern auszudehnen. Welche von den durch das Genossenschaftsgesetz gestatteten Bankgeschäften mit Nichtmitgliedern die Kreditgenossenschaften in den einzelnen Staaten des Reichs steuerpflichtig machen, das zu untersuchen geht über den Rahmen dieses Aufsatzes hinaus.

Von den anderen Bankgeschäften sollen die wichtigeren kurz besprochen werden.

a) **Einziehung von Wechseln (Inkassogeschäft — Einziehungsgeschäft).** Die Einziehung der Wechsel erfolgt am bequemsten provisionsfrei durch den Giroverband der Deutschen Genossenschaftsbank von Sörgel, Parrisius & Co. zu Berlin und ihrer Kommandite zu Frankfurt am Main. Der Giroverband der Genossenschaftsbank ist 1867 von dem leider früh verstorbenen Direktor Sörgel, dem ältesten und tüchtigsten genossenschaftlichen Freunde Schulze-Delitzsch's, begründet, von letzterem von Anfang an nachdrücklich empfohlen und wiederholt als der Schlußstein der Organisation der Kreditgenossenschaften bezeichnet. Das Girogeschäft, durch den zehn Jahre später eingerichteten Giroverkehr der Reichsbank allgemeiner bekannt geworden, besteht im Großbankverkehr, so lange es Großbanken giebt. Es ist die Vermittelung kaufmännischer Zahlungen durch Zu- und Abschreiben auf den Kontis, welche die betreffenden Geschäftsleute durch Einzahlungen bei der Bank auf ihren Namen sich haben eröffnen lassen. Bezweckt wird also, „die Zahlungen, das Hin- und Hersenden des baaren Geldes oder der dessen Stelle vertretenden Noten dadurch zu vermindern, daß man die gegenseitigen Forderungen nur in bestimmten Fristen durch Zahlungen ausgleicht."

Als die ersten hundert Vorschußvereine bewogen wurden, die Genossenschaftsbank zu Berlin zu einer Ausgleichstelle für Forderungen und Gegenforderungen zu machen, gab es in Deutschland nur 110 „Bankplätze", d. h. Plätze, auf welche die Preußische Bank Wechsel zur Einziehung annahm, alle übrigen Orte waren „Nebenplätze", auf welche, da sie weder eine Filialstelle der Preußischen Bank, noch ein größeres Bankinstitut besaßen, Wechsel von der Preußischen Bank überhaupt nicht, von Privat-Bankgeschäften mit erheblichem Kostenaufschlage angenommen wurden. Die Genossenschaftsbank bezweckte nun, allen „Nebenplätzen", in denen Vorschußvereine (Girogenossen) ihren Sitz haben, die Vortheile der Bankplätze zuzuwenden. Jedem dem Giroverbande beigetretenen Vorschußverein wurde bei der Genossenschaftsbank ein Konto eröffnet, auf dem er ein Guthaben von mindestens einhundert Thalern sich erhalten muß, welches durch Ab- und Zuschreibung der zur Einziehung übersandten Wechsel, der zu Gunsten eines anderen Girogenossen geforderten Uebertragungen und der baar gesendeten oder abgehobenen Beträge u. s. w. erhöht oder vermindert wird. Die Genossenschaftsbank überträgt Forderung oder Schuld des einen Vereins auf den andern durch eine Buchung. So werden den „Girogenossen" Arbeit und Kosten durch die von der Kontrolstation vorgenommene Abrechnung bedeutend verringert.

„Jede zugehörige Genossenschaft" — so hieß es in der Aufforderung — „hat für alle übrigen Girogenossen nur ein einziges Konto zu führen, braucht, wenn sie Inkassos besorgt haben will, nur zweimal monatlich an bestimmten Tagen an die Genossenschaftsbank zu schreiben und wenn sie die von ihr einkassirten Wechsel nicht auf ihr Guthaben in Abrechnung bringen will, nur zweimal monatlich an die Genossenschaftsbank, nicht an die einzelnen Vereine zu remittiren."

Wegen der verschiedenen Währung hatte die Genossenschaftsbank 1872 bei ihrer Filiale in Frankfurt am Main eine zweite Girostelle errichtet, so daß es seitdem eigentlich zwei Giroverbände giebt und jede Genossenschaft Mitglied eines oder beider Verbände sein kann. Die Verbände sind stetig gewachsen; seit 1878 sind auch viele Kreditgenossenschaften herangezogen, die, ohne dem Giroverbande anzugehören, die

Wechsel der Genossenschaftsbank provisionsfrei einziehen. Zum Schluß 1893 betrug die Zahl der Giro- und Inkassogenossen in Berlin 406, in Frankfurt 488, die Gesammtzahl der Giro- und Inkassoplätze 838 — während bei der Reichsbank die Zahl der Bankplätze („Orte, an welchen und auf welche Wechsel angekauft werden, und bei denen der Giroverkehr eingeführt ist") 228 beträgt. Die Stückzahl der bei den Giroverbänden der Genossenschaftsbank eingegangenen Wechsel war 1893 356,655 zum Gesammtbetrage von $80^1/_2$ Millionen Mark.

Während das Inkassogeschäft jede Kreditgenossenschaft zum Nutzen ihrer Mitglieder einführen kann und einführen sollte, eignen sich andere Bankgeschäfte nur für bankmäßig organisirte entwickeltere Genossenschaften an verkehrsreichen Orten.

b) **Laufende Rechnung ohne Kredit — Depositen zur täglichen Abhebung.** Eine Kreditgenossenschaft, die Depositen zu beliebiger täglicher Abhebung annimmt, bedarf bedeutender flüssiger Mittel, muß also einen größeren Kassenbestand halten, den sie bei unerwartet starken Abhebungen sofort ergänzen kann. Dadurch und durch die Arbeitsvermehrung wird der Vortheil, der in der niedrigen Verzinsung (1 bis 2%) liegt, wieder verringert oder aufgehoben. Für das große Publikum wird das Depositum zur täglichen Abhebung besonders nützlich werden, wenn es sich im Kleinverkehr in Verbindung mit dem Checkwesen einbürgert. Wo es, wie bei den Depositenbanken in Oldenburg und Osnabrück, vor längerer Zeit eingeführt ist, hat es stets an Ausdehnung gewonnen.

Der vornehmlichste Zweck des Checkbureaus besteht darin, von den einzelnen privaten Kassen alle diejenigen Gelder in sich aufzunehmen, welche nur kurze Zeit, auf einzelne Wochen oder Monate verfügbar sind. Der Kaufmann, Handwerker, Fabrikant, der zur bestimmten Zeit Wechsel zu decken oder sonst größere Zahlungen zu leisten hat, führt die inzwischen erfolgenden Eingänge eines Tages oder einer halben Woche in das Checkbureau ab, um sie nach Bedarf wieder abzuheben; der Beamte, Offizier, Rentner bringt nach Empfang des Gehaltes, der Zinsen oder sonstiger Einnahmen die betreffenden Summen dem Checkbureau und behält nur kleine Beträge zur Deckung des täglichen Handbedarfs zurück. Bei richtiger Ausnutzung ist beinahe für jedermann das Halten irgend größerer Kassenbestände entbehrlich . . . . Macht die Hausfrau aus der Stadt oder vom Lande größere Einkäufe in der Stadt, so nimmt sie kein Geld, sondern das Checkbuch mit und füllt an Ort und Stelle den Check mit dem Betrage der bewußten Einkäufe aus, so daß das lästige, zeitraubende Geldzählen für alle Theile hinfällig wird. Der Kaufmann oder Handwerker präsentirt seinerseits die erhaltenen Checks der Bank und läßt sich den Betrag auszahlen oder auf seinem Checkkonto gutschreiben. So vollziehen sich, wenn erst eine breite Kundschaft dem Checkverkehr erworben ist, ungemein zahlreiche kleinere und größere Umsätze, die sonst nur mittels umständlichen Baarausgleichs bewirkt sein würden, durch einfache Ab- und Zuschreibung in den Büchern der Bank. Und nicht bloß die Umständlichkeit der Operation des Geldzählens und Empfangens, sondern auch die Gefahren des Verlustes, Verzählens und Versehens werden vermieden."

Diese anschauliche Schilderung der Entwicklung des Checkverkehrs in Oldenburg muß die Leiter entwickelterer Vorschußvereine anregen, es bei sich mit der Einführung dieses jedenfalls segensreich wirkenden Verkehrsmittels zu versuchen.

c) **An- und Verkauf von Werthpapieren — Effekten-Kommissions-Geschäft.** In wohlhabenden Gegenden kann dies Nebengeschäft, bei welchem Verluste nicht eintreten, einträglich betrieben werden. In der Ankündigung einer Volksbank, die den An- und Verkauf nur für Mitglieder besorgt (Bockenheim), ist hervorgehoben, daß Börsenberichte, tägliche Kourszettel u. s. w. im Geschäftslokal beständig zur Einsicht ausliegen, in einer anderen Ankündigung (Kreuznach), daß 1/4 pCt. Gebühr, einschließlich aller Spesen (Maklergebühr, Stempel und Porto), ausschließlich Porto der Sendung an auswärtige Auftraggeber, zu zahlen ist.

Was bei der Effektenbeleihung im vorigen Aufsatz gesagt ist, gilt auch hier: die Kreditgenossenschaften sollten bei diesem Geschäft keinesfalls dem Börsenspiel dienen oder die Lust zu demselben fördern.

d) **Einlösung und Umwechslung** von Sorten, Koupons, Zins- und Dividendenscheinen; **Verkauf von Anweisungen,** Reisekreditbriefen, Checks, Tratten nach europäischen und überseeischen Plätzen und dergl. — Das sind Großbank-Geschäfte, die für ihre Mitglieder auch Kreditgenossenschaften besorgen können.

c) **Aufbewahrung und Verwaltung von Werthpapieren** und **Werthstücken aller Art** können nur solche Kreditgenossenschaften für ihre Mitglieder übernehmen, welche die dazu erforderlichen Einrichtungen in feuer- und diebessicheren Gewölben besitzen. Bei offenen Depots muß auch die Volksbank die Kouponstrennung, die Verloosungskontrolle, Einholung neuer Zinsbogen besorgen und genau ebenso zuverlässig leisten, wie die Großbank.

Charlottenburg, Dezember 1894.

IV.

Gewinn- und Verlustvertheilung.

Nach dem Genossenschaftsgesetz vom 1. Mai 1889 muß das Statut jeder Genossenschaft die Grundsätze für Aufstellung und Prüfung der Bilanz enthalten. Der Vorstand muß bei Schluß des Geschäftsjahres unter Zuziehung des Aufsichtsraths die Inventur aufnehmen und danach die Bilanz aufstellen. Der Aufsichtsrath hat die Jahresrechnungen, die Bilanzen und die Vorschläge zur Vertheilung von Gewinn und Verlust zu prüfen und darüber der Generalversammlung Bericht zu erstatten (§ 36) und die Generalversammlung hat die Genehmigung der Bilanz zu beschließen und den auf die Genossen fallenden Betrag von Gewinn oder Verlust festzustellen. Die Bilanz und die Jahresrechnungen müssen eine Woche vorher zur Kenntniß der Genossen gebracht werden. (§ 46.)

Die dem Schulze'schen Buche im Anhange beigefügten praktischen Bemerkungen über den Schluß der Bücher und über die Jahresrechnungen der Kreditgenossenschaften von Soergel sind auch heute noch mustergültig. Wir heben daraus hervor: Alle vorhandenen Vorschuß- und Diskontwechsel oder Schuldscheine sind inventarisirt auf ihren Werth zu prüfen. Schlecht gewordene Forderungen, aus denen nichts mehr zu erhalten ist, müssen gänzlich fortgeschrieben werden. Ist noch Aussicht vorhanden, mit der Zeit daraus Geld zu erzielen, so müssen sie auf ein Konto der unsicheren Forderungen übertragen und aus dem Jahresgewinn zur Deckung unsicherer Forderungen ein Konto von gleichem Betrage gebildet und unter die Passiva aufgenommen werden.

Bei der Bilanz sind Vereinsschulden, Reserven und Geschäftsguthaben, sowie die auf das nächste Jahr im voraus erhobenen Zinsen und die für das abgelaufene Jahr noch zu zahlenden Zinsen, Geschäftsunkosten u. dgl.

unter den Passiven, der Werth des unbeweglichen und beweglichen Guts (Immobilien und Mobilien) nach Abzug angemessener Abzugsprozente, oder die darauf vorgenommenen größeren Abschreibungen, der Kassenbestand, die Werthpapiere höchstens zum Tageskurs, die ausstehenden Forderungen nach den verschiedenen Geschäftszweigen nach ihrem wahrscheinlichen Werthe unter den Aktiven anzusetzen. Der verbleibende Ueberschuß der Aktiven bildet den Reingewinn.

Gewinn und Verlust sollen nach Verhältniß der am Schluß des vorangegangenen Geschäftsjahres ermittelten Geschäftsguthaben vertheilt werden. Bei Kreditgenossenschaften des Schulze'schen Systems wird von der Bestimmung des § 19, wonach das Statut einen anderen Maßstab für die Vertheilung von Gewinn und Verlust aufstellen kann, kein Gebrauch gemacht.

Verluste sind zunächst aus dem Jahresgewinn zu tragen, reicht derselbe nicht aus, so aus dem im Gesetze obligatorisch gewordenen Reservefonds, der „zur Deckung eines aus der Bilanz sich ergebenden Verlustes zu dienen hat" (§ 7), also nicht zur Ausgleichung von Dividenden oder zu ähnlichen Zwecken verwendet werden darf. Neben dem obligatorischen Reservefond können durch Statut oder Generalversammlungsbeschluß Spezialreservefonds (Rücklagen zu besonderem Zweck) gebildet werden, für welche die Bestimmung des Gesetzes über Verwendung des Reservefonds nicht bindend ist. Doch ist eine Spezialreserve zur Herstellung gleichmäßiger Dividenden, wenn auch zulässig, so doch keinesfalls zu empfehlen. Nothwendig ist aber für die Kreditgenossenschaften, welche Effekten besitzen, ein Effektenreservefonds. Werthpapiere sind nach dem Handelsgesetzbuch zum Tageskurs in die Inventur aufzunehmen. Um zu verhindern, daß dadurch Gewinne zur Vertheilung kommen, die in Wirklichkeit gar nicht gemacht sind, hatte schon Schulze-Delitzsch in seinem Buche (S. 270) eine Spezialreserve zum Ausgleich der Kursrückgänge für nothwendig erklärt. Sind die Verluste so groß, daß zur Deckung der Jahresgewinn und die Reserven nicht ausreichen, so muß eine Abschreibung auf die Geschäftsguthaben erfolgen, der überschießende Verlustbetrag ist zur Herstellung der Bilanz auf die Guthaben nach Verhältniß derselben zu vertheilen. Reicht zur Deckung der Schulden einer Kreditgenossenschaft mit unbeschränkter Haftpflicht das Vermögen einschließlich der Guthaben und der Reserven nicht aus, so wird der noch zu deckende Fehlbetrag auf die Genossen gleichmäßig nach Köpfen vertheilt, der Vorstand hat in diesem Falle eine Generalversammlung einzuberufen zur Beschlußfassung, ob die Genossenschaft aufgelöst werden soll. (§ 115 ff.) Eine Unterbilanz nöthigt noch nicht zur Auflösung; nur bei einer eingetr. Gen. mit beschränkter Haftpflicht findet die Konkurseröffnung außer dem Falle der Zahlungseinstellung auch dann statt, wenn die Ueberschuldung ein Viertheil des Betrags der Haftsumme aller Genossen übersteigt.

Vom Reingewinn des Geschäftsjahres muß vorweg der Reservefonds mindestens den durch das Statut vorgeschriebenen Theil bis zu der darin vorgeschriebenen Grenze erhalten (§ 7 Ziffer 4); die Generalversammlung kann beschließen, einen noch größeren Theil des Reingewinns den Reserven zuzuschlagen und Verwendungen zu gemeinnützigen oder wohlthätigen Zwecken zu machen. Der Rest des Reingewinns wird an die

Mitglieder nach dem Verhältniß ihrer zum Schlusse des vorhergegangenen Jahres ermittelten Geschäftsguthaben als Dividende vertheilt.

Hier kommt nun die oft erörterte Frage nach der Höhe der Dividende in Betracht. Die Kreditgenossenschaften sollen dem kleinen und mittleren Gewerbtreibenden auf dem Wege der Selbsthülfe unter Ausschluß der Staatshülfe und der Mildthätigkeit den Personalkredit, dessen sie bedürfen, auf geschäftlichem Wege verschaffen. Sie sind nicht dazu bestimmt, ihren Mitgliedern von ihren Guthaben hohe Dividenden zu zahlen. Stellt sich bei einer Kreditgenossenschaft dauernd heraus, daß sie ein den gewöhnlichen Kapitalsertrag um ein Mehrfaches überschreitende Dividende zahlen kann, so beweist dies, daß ihre Einrichtungen, ihre Geschäftsleitung ungesund sind und keinesfalls den Grundlehren Schulze's entsprechen. Die Dividendenziffer, d. h. die Zahl, welche bestimmt, wie viel Mark dem Genossen auf 100 Mk. Guthaben als seinen Reingewinnantheil des Geschäftsjahres berechnet wird, bekommt erst Bedeutung, wenn man weiß, wie sich die Summe der Guthaben zum Betriebsfonds verhält. Schulze-Delitzsch hat allzeit geltend gemacht (siehe oben Seite 22), daß für eine Kreditgenossenschaft nach den ersten Jahren ein eigenes Vermögen von 50 pCt. des fremden Kapitals oder 33⅓ pCt. des Betriebsfonds das Mindeste sei, was bei gesunder Fortentwickelung gefordert werden müsse; er verlangt unausgesetzte Thätigkeit, um diese unentbehrliche solide Basis zu erringen. Dabei hielt er für die Reserve 10 pCt. des richtig gemessenen Guthabens, also 3⅓ pCt. des Betriebsfonds für ausreichend. Die Dividende wollte er hoch genug halten, um denjenigen Mitgliedern, die mehr Geld bringen als holen, es annehmlich erscheinen zu lassen, der höheren Renten halber, die Geschäftsantheile voll zu zahlen. Um den Spartrieb zu fördern, müßten die Mitglieder einen den gewöhnlichen Zinssatz übersteigenden Prozentsatz ihrer Guthaben als Dividende erhalten. — Aber nicht der Reservefonds, sondern das Mitgliederguthaben und die solidarische Haft seien die Kreditbasis gegenüber den Gläubigern. Eine Genossenschaft, welche jene solide Basis nicht erreichen könne, sondern fast nur mit fremden Geldern wirthschafte, werde zu unsolider Ausdehnung des Geschäfts verleitet, die den Mitgliedern ein nicht zu tragendes Risiko auferlege.

Ein im Verhältniß zum Betriebsfonds und zu dem richtig bemessenen Geschäftsguthaben sehr hoher Reingewinn läßt sich nur erzielen, wenn den Genossen für ihre Kredite im Verhältniß zu der Verzinsung der fremden Gelder zu hohe Zinsen abgenommen werden. Dahingegen wenn der Reingewinn andauernd so niedrig ausfällt, daß den Mitgliedern eine den gewöhnlichen Zinsfuß überschreitende Rente ihrer Guthaben nicht gewährt werden kann, so kann, abgesehen von hohen Verlusten, der Grund nur darin liegen, daß der Genossenschaft die fremden Gelder zu theuer kommen, oder daß sie den Kredit zu billig giebt, oder endlich, daß die Verwaltungskosten zu hoch sind.

Die Vereinsverwaltungen, und wenn diese es nicht thun, die Mitglieder der unbeschränkt haftenden Kreditgenossenschaften selber, sollten es nicht unterlassen, alljährlich die rechnerischen Prüfungen vorzunehmen, um ein Urtheil zu gewinnen, ob die Geschäftsleitung gesund ist oder krankt und im letzten Fall, was zu thun sei, die Gesundung herbeizuführen.

Mit unübertrefflicher Klarheit hat sich Schulze's tüchtigster Mitarbeiter, der verstorbene Bankdirektor Soergel, schon vor 27 Jahren über diese Frage ausgesprochen. Er berechnete in einer 35 Spalten fassenden Tabelle nach Schulze's Jahresbericht von 1865 bei allen 93 Kreditgenossenschaften, die in jenem Jahr mehr als 200000 Thaler umsetzten, die geschäftlichen Resultate (Blätter für Genossenschaftswesen, 1867, S. 42 ff.). In den Erläuterungen zur Tabelle sagt er: die Dividende könne nur auf die Beträge des Guthabens berechnet werden, die das ganze Jahr im Geschäft gearbeitet haben. Bei den behufs klarer Einsicht in die wirklichen Geschäftserfolge der Vereinsverwaltungen nöthigen Ermittelungen des wahren Reingewinns müßten andere Grundlagen zum Ausgangspunkte gemacht werden. Zunächst komme in Betracht, daß der Reservefonds zum eigenen im Geschäfte gemachten und arbeitenden Kapitale gehöre . . . Auch die im Laufe des Geschäftsjahres gemachten nicht dividendenberechtigten Einzahlungen seien in Rechnung zu setzen. Dadurch verminderten sich die Geschäftserträge in Wirklichkeit gegenüber der statuten- und rechnungsmäßigen Gewinnvertheilung.

„Auch ist es geboten, bei den Ermittelungen des Geschäftsertrages zu erwägen, daß für jedermann es leicht erreichbar ist, sein Geld mit 5 pCt. jährlichen Zinsen auszubringen, ohne das mindeste Risiko einzugehen.“

So war es 1867; heute werden wir das Gleiche nur von 3½ pCt. jährlichen Zinsen sagen können. Soergel hatte in seinen Berechnungen als Reingewinn nur verstanden, was nach Abzug von 5 pCt. Zinsen fürs eigene Kapital übrig bleibe. Er hatte demnach berechnet

„denjenigen prozentualen Gewinn, welchen die Mitglieder neben der Befriedigung ihrer Geldbedürfnisse aus dem Vereinsgeschäfte mit ihrem Kapitale (dem Guthaben der Mitglieder und dem Reservefonds) mehr als 5 pCt. als Aequivalent für das eingegangene Risiko verdienen. Wird dauernd und prinzipmäßig nicht über 5 pCt. verdient, dann macht der Verein kein Geschäft, sondern befindet sich nicht mehr auf dem festen Boden einer gesunden und vernünftigen Volkswirthschaft, ja nicht mehr auf dem Boden der Selbsthilfe, denn es ist in Wahrheit gleichgültig, ob ihm die wohlthätige Hülfe bewußt von außen, von Dritten kommt, oder ob er seine Mitglieder überredet oder zwingt, unbewußte Wohlthaten dadurch zu leisten, daß der Eine im Interesse der Anderen oft oder selten, mehr oder weniger sein Geld riskirt, ohne entsprechenden Gewinn. Das andere Extrem, die dauernde Erzielung unverhältnißmäßig hoher Dividenden und Reingewinns ist ebensowenig geschäftsmäßig als haltbar. Ein sehr hoher Gewinn kann nur erlangt werden durch sehr hohe Anspannung des Risiko, indem der Verein sein eigenes Kapital im Verhältniß zum benutzten fremden sehr niedrig hält und folglich für das Geld und die Solidarhaft seiner Mitglieder und sein eigenes Bestehen eine fortdauernd sehr große Gefahr läuft, oder dadurch, daß er von seinen Schuldnern mehr Zinsen erhebt, als die Natur des Geschäfts mit sich bringt. In dem einen Falle wird das Mitglied, der Verein als solcher einer Gefahr ausgesetzt, die zu laufen gar kein Grund existirt . . .; in dem anderen Falle werden die ärmeren oder geldbedürftigeren Mitglieder zu Gunsten der reichen oder weniger geldbedürftigen in einer Weise ausgebeutet, die ihre Kapitalbildung unmöglich machen oder aufhalten muß“.

Was Soergel damals, bevor es noch ein Genossenschaftsgesetz gab, als Schulze in seinem Jahresbericht (für 1866) erst 924 Vorschußvereine in Deutschland namhaft machen konnte, in seiner scharfen und klaren Weise auseinandersetzte, gilt noch heute, wo das Geld billiger geworden ist, ganz ebenso.

Die Erfahrungen der Praxis bestätigen auch hier die unzweifelhaft richtige Theorie. Man braucht nur die entsprechenden Zahlen zweier Kreditgenossenschaften mit einander zu vergleichen, von denen die eine, im Gegensatz zu der anderen, Schulze-Delitzsch's Lehre von der Nothwendigkeit der soliden Basis eines großen eigenen Vermögens befolgt. Wir wählen den Vorschußverein zu Insterburg, aus dessen Geschäftsbericht für 1893 wir über die Geschäftsgebahrung bei der Kreditgewährung ausführliche Mittheilungen machten, aus denen hervorgeht, was der Verein seinen Mitgliedern in den verschiedenen Formen bankmäßiger Kreditgewährung leistete — bei einem Betriebsfonds von 3 177 732 Mk. und darunter 46,1 pCt. eigenem Vermögen. Der Reingewinn betrug 98 306 Mk. oder 3,09 pCt. des Betriebsfonds und 6,6 pCt. des eigenen Vermögens (Reserve und Guthaben ohne Berücksichtigung der im Laufe des Jahres eingezahlten Guthabenbeträge) und 7,7 pCt. des Guthabens. Die Belastung der Mitglieder pro Kopf durch die fremden Gelder nach Abzug des auf den Kopf fallenden Betrages des eigenen Vermögens betrug 316 Mk. Das Risiko der Mitglieder ist um so geringer, als durch die Generalversammlung die Grenze, die bei Kreditgewährung an den einzelnen Genossen eingehalten werden muß (§ 42 Abs. 2 d. G.), auf 30 000 Mk. bestimmt ist, also auf einen Höchstbetrag, der nur 0,9 pCt. des Betriebsfonds, 15,1 pCt. der Reserven und 2,3 pCt. des Guthabens ausmacht.

Zum Vergleich eignet sich die Kreditbank zu Hannover, von der bereits im September 1894 im Hannoverschen Tageblatt nachgewiesen ist, daß sie Schulze's Rathschläge über die Kapitalbildung unbeachtet ließ. Die Geschäftsabschlüsse dieses Vereins kommen nicht mehr in den Tabellen des Jahresberichtes vor; wir sind lediglich auf die dürftigen Nachrichten ihres Geschäftsberichts beschränkt. Der Betriebsfonds der Kreditbank von 3 517 203 Mk. setzte sich am Schluß des Jahres 1893 zusammen aus 90,9 pCt. fremder Gelder, 4,8 pCt. Guthaben, 4,3 pCt. Reserven. Der Reingewinn betrug 36 165 Mk. oder 1,02 pCt. des Betriebsfonds, 11,4 pCt. des eigenen Vermögens (auch hier ohne Hinzurechnung der im Laufe des Jahres eingezahlten Guthabenbeträge) und 21,4 pCt. des Guthabens. Die Belastung der Mitglieder pro Kopf nach Abzug des eigenen Vermögens betrug 3071 Mk. Für das Risiko der Mitglieder ist wesentlich, daß die Grenze der Kreditbewilligung für ein einzelnes Mitglied durch die letzte Generalversammlung auf 200 000 Mk. festgestellt ist, also auf 5,6 pCt. des Betriebsfonds, 118,8 pCt. des Guthabens und 133,6 pCt. der Reserven vom 31. Dezember 1893 oder wenn man die Erhöhung der Reserven aus dem Gewinn des vorigen Jahres mithinzuzieht, auf 119,7 pCt. Die Verschiedenheit in der grundsätzlichen Behandlung des Verhältnisses des eigenen Vermögens zu den fremden Geldern tritt hiernach in ihren Folgen zahlenmäßig deutlich hervor, noch deutlicher aber, wenn man die entsprechenden Zahlen von beiden Vereinen nebeneinander stellt.

Geschäftsjahr 1893		Vorschußverein Insterburg.	Kreditbank Hannover.
1. Betriebsfonds.	Summe	3 177 732 M.	3 517 203 M.
Guthaben in Prozenten		40,2	4,8
Reserve in Prozenten		6,2	4,3

Eignes Vermögen in Prozenten	46,4	9,1
Fremde Gelder in Prozenten	53,6	90,9
2. Reingewinn. Summe	98 306 M.	36 165 M.
pCt. des Betriebsfonds	3,09	1,02
pCt. des eigenen Vermögens	6,6	11,4
pCt. des Guthabens	7,7	21,4
Dividende in Prozenten	7	6
3. Risiko.		
Belastung pro Kopf nach Abzug des eignen Vermögens	316 M.	3071 M.
Grenze der Kreditgewährung an einen Einzelnen. Betrag	30 000 M.	200 000 M.
pCt. des Betriebsfonds	0,5	5,6
pCt. der Reserve	15,1	118,8
pCt. des Guthabens	2,3	133,6

Die Mitglieder von eingetragenen Kreditgenossenschaften mit unbeschränkter Haftpflicht — gleichviel ob Sachverständige oder Laien — mögen danach urtheilen, ob die Insterburger treue Befolgung der Lehren von Schulze-Delitzsch oder die eigenartige „Weiterentwickelung“ derselben durch den Direktor der Kreditbank Hannover vorzuziehen sei!

Charlottenburg Dezember 1894.

V.

Geschäftsberichte.

Schon Mitte der 70er Jahre waren in den mehr als 50 Kolonnen enthaltenden Tabellen des großen Jahresberichts von Schulze-Delitzsch die wichtigsten Zahlen aus den Ergebnissen der Vereine in eine einheitliche Form gebracht. Dennoch trat damals in den einzelnen Unterverbänden immer mehr der Wunsch hervor, daß für die gedruckten Geschäftsberichte, die fast alle Vereine jährlich veröffentlichten, ein einheitliches Formular aufgestellt werde; namentlich damit „benachbarte Vereine einander leicht kontroliren könnten und damit die Unterverbandstage, wenn sie die „„Mittheilungen aus den einzelnen Vereinen““ entgegennehmen, ein übersichtliches Material zur Hand haben, um ungünstige Ergebnisse sofort zu erkennen und die mangelhaften Einrichtungen, aus denen sie hervorgegangen, der Prüfung unterziehen zu können.“ (1878 Blätter für Genossenschaftswesen S. 133.) Die Schwierigkeiten der Aufstellung eines einheitlichen Formulars für die Geschäftsberichte waren bei der großen Verschiedenheit in der geschäftlichen Entwickelung und den Einrichtungen der Vereine nur dann einigermaßen zu überwinden, wenn man die Aufgabe dahin einschränkte, „daß es nur darauf ankomme, für die geschäftlich weiter entwickelten Vereine das mindeste dessen festzustellen, worüber der Bericht klare und erschöpfende Auskunft geben muß“, und daß die weniger entwickelten Vereine innerhalb der von ihnen betriebenen Geschäftszweige diesen mindesten Anforderungen ebenfalls genügen müßten, während jedem Vereine selbstverständlich mehr zu bieten anheimgestellt werde.

Aber auch für diese eingeschränkte Aufgabe war bei vielen Vereinen noch wenig Verständniß vorhanden; man hatte vielfach sogar Bedenken, in den Mittheilungen zu weit zu gehen. Um ein einheitliches Formular für ein größeres Gebiet herzustellen, verständigten sich die fünf südwestlichen Verbände vom Mittelrhein, von der Pfalz, von Starkenburg, Unterbaden und Oberbaden auf Grund einer Vorlage der deutschen Genossenschafts-bank-Kommandite zu Frankfurt am Main in gemeinschaftlichen Berathungen unter Zuziehung von Schulze-Delitzsch und der beiden Direktoren Meißner und Thorwart über einen Entwurf, den der engere Ausschuß auf dem Genossenschaftstage zu Stuttgart im August 1879 genehmigte. Auf dessen Antrag beschloß der Genossenschaftstag, „den verbundenen Vorschuß- und Kreditvereinen zu empfehlen, ihre Geschäftsübersicht mit Bilanz und Gewinn- und Verlustkonto möglichst nach dem folgenden Schema einzurichten."

Dies ist das sogenannte „Stuttgarter Schema", welches sich den Tabellen des Jahresberichts des Anwalts anschließt und noch heute als mustergültig erachtet wird. Die Einführung desselben ist langsam vorgeschritten; im allgemeinen Verband, wo Verbandsdirektoren und Revisoren für Verbesserung der Geschäftsberichte wirkten, hat sich von Jahr zu Jahr die Zahl der Genossenschaften vergrößert, die ihre Berichte nach diesem Schema einrichten; aber auch die Zahl derjenigen Genossenschaften, die weit darüber hinausgehen — getreu Schulze's Grundsatz, daß die Genossenschaften ihren Mitgliedern gegenüber zur größten Offenheit in Darlegung ihrer Geschäftsgebahrung verpflichtet seien, damit jedes Mitglied sich selbst aus dem Geschäftsbericht überzeugen könne, wie die Verhältnisse des Vereins liegen.

Das Stuttgarter Schema enthält also drei Theile: Bilanz, Gewinn- und Verlustkonto und Geschäftsbericht.

1. Bilanz.

I. Passiva. Auf die Passivseite der Bilanz gehören 1. Geschäftsguthaben und 2. Reservefonds, als das eigene Vermögen. Hat die Genossenschaft mehrere Reservefonds (Hauptreserve, Effektenreserve, Hülfsreserve — Conto dubio, Delcrederekonto), so ist es angemessen, diese in der Bilanz getrennt aufzuführen. Den Charakter der Reserve haben auch Dispositionsfonds zu Bildungs- oder Unterstützungszwecken, sowie Pensionsfonds (Ruhegehaltsreserve) u. dergl. Diese sind jedenfalls in der Bilanz besonders aufzuführen. Die fremden Gelder, Darlehen (Depositen) müssen nach ihrer Befristung gesondert werden. Darnach folgt in der Bilanz: 3. Darlehen mit ganzjähriger Kündigung. 4. Darlehen mit halbjähriger Kündigung. 5. Darlehen mit dreimonatlicher Kündigung. 6. Accepte, falls der Verein, was in Süddeutschland oft, in Norddeutschland selten vorkommt und nicht empfehlenswerth ist, Mitgliedern gestattet, auf ihn zu ziehen. 7. Spareinlagen, falls nämlich, wie meist üblich, die Sparkasse des Vereins nur bis zu einem bestimmten Maximalbetrage (1000 Mk.) Spareinlagen auf ein Sparkassenbuch annimmt, und dabei verschiedene Kündigungsfristen stipulirt, z. B. 50 Mk. ohne Kündigung, bis 200 Mk. auf 8tägige Kündigung, bis 500 Mk. auf einmonatliche, darüber hinaus auf dreimonatliche Kündigung zu zahlen sich verpflichtet, in der Regel aber ohne Kündigung zahlt. 8. Ohne Kündigung zurückzahlbare Darlehen zu täglicher Abhebung, Schulden auf Kontokorrent mit und ohne Kredit. Ist das Kontokorrent ohne Kredit mit Check eingeführt, so erscheint es angemessen, beides zu trennen. 9. Schulden an Banken und Vereine (Lombard bei der Reichsbank u. s. w.). Ferner gehören unter die Passiva der Bilanz 10. die noch zu zahlenden Zinsen für Darlehen aus dem abgelaufenen Jahre und aus früheren Jahren. 11. Noch zu zahlende Verwaltungskosten u. s. w. 12. Voraus erhobene (Anticipando-) Zinsen und endlich 13. der Reingewinn nach dem Gewinn- und Verlustkonto.

II. Aktiva: 1. Kassenbestand. 2. Werthpapiere. 3. Vorschußwechsel. 4. Geschäftswechsel (Diskontwechsel). 5. Hypotheken (Güterzieler, Kaufschillinge u. dergl.). 6. Forderungen aus dem Kontokorrent auf Kredit. 7. Banken und Vereine (Girokonto der Reichsbank, der deutschen Genossenschaftsbank in Berlin und Frankfurt am Main). 8. Noch zu empfangende Zinsen (Zinsenrest des abgelaufenen Jahres). 9. Geschäftsinventar oder bewegliches Gut (Mobilienkonto). 10. Grundstücke (Immobilienkonto, unbewegliches Gut).

2. Gewinn- und Verlustberechnung.

Hier kommen ins Debet die verschiedenen Zinsen und Provisionen, die vereinnahmt sind, also aus Vorschüssen, Kontokorrent-Forderungen, aus Effekten, aus Hypotheken und Güterzielern, vereinnahmter Wechsel-Diskonto, ferner rückständige Zinsen und Provisionen und sonstige Gewinne. Ins Kredit gehören gezahlte Zinsen für Darlehen, für Spareinlagen, für Kontokorrentforderungen der Mitglieder, gezahlte Zinsen und Provisionen an Banken und Vereine, gezahlter Rückdiskont für weiterbegebene Wechsel, noch zu zahlende Zinsen für Darlehen, Geschäftsunkosten (Verwaltungskosten-Saldo) — und endlich der Reingewinn.

3. Die Geschäftsübersicht

muß einen Abschluß sämmtlicher Hauptbuch-Konten mit ihren Endsummen in Einnahme und Ausgabe enthalten. Außerdem dürfen in der Uebersicht auch bei den kleinsten Vereinen nicht fehlen:

a) Die Angabe der Summe der Giroverbindlichkeiten. Als solche gelten alle Wechsel, welche von der Genossenschaft vor Jahresschluß weiter verkauft worden sind, deren Fälligkeit aber erst nach Jahresschluß eintritt. Schulze-Delitzsch sagte in Stuttgart, die Mitglieder hätten das Recht, die Namhaftmachung der Giroverbindlichkeiten zu verlangen. Er hob hierbei das Verdienst Sörgels hervor, es sei „eine Hinterlassenschaft unseres Sörgel, eines Mannes, der die größten Verdienste um das Genossenschaftswesen hat und zugleich im Bankfach erfahren war, wie wenige“.

b) Spezifizirung aller in dem Besitz der Genossenschaft befindlichen Werthpapiere, mit Angabe des Buchwerths (Beschluß des Genossenschaftstages zu Bremen 1874). „Die Mitglieder,“ sagte Schulze, „müssen sich bei der Rechnungslegung überzeugen können, daß die Verwaltung nicht etwa unsolide oder werthlose Papiere gekauft und sich auf das Gebiet der Effektenspekulation begeben hat.“

c) Die Bewegung des Mitgliederstandes. Vorausgesetzt wird, daß die Genossenschaft auch die über die Vertheilung der Mitglieder auf die verschiedenen Berufsklassen vom Anwalt in dessen Jahresbericht vorhandene Tabelle ausgefüllt hat.

d) Die Vorschläge für Verwendung des Reingewinns — die Zutheilung zur ordentlichen und außerordentlichen Reserve, die Ausschüttung der Dividenden, Angabe der Höhe der Dividende nach der Prozentzahl, sonstige Ausgaben, Uebertrag auf neue Rechnung.

Seit Erlaß des neuen Genossenschaftsgesetzes müssen ferner

e) die Festsetzungen der Generalversammlung über den Gesammtbetrag, den die Anleihen und Spareinlagen nicht überschreiten sollen und über die Grenzen, die bei Kreditbewilligungen an die Genossen eingehalten werden müssen (§ 47 Ges.), aufgenommen werden.

Bei dem Stuttgarter Schema ist vorausgesetzt, daß die Kreditgenossenschaft die Tabelle des Jahresberichts über die Geschäftsergebnisse ausgefüllt hat und daß der Inhalt der in der Bilanz und in dem Gewinn- und Verlustkonto nicht berücksichtigten Kolonnen und Erläuterungen mitgetheilt wird. Aber wenn man mit Schulze-Delitzsch für geboten hält, den Mitgliedern die Möglichkeit zu gewähren, sich aus dem Geschäftsbericht über alle Verhältnisse des Vereins zu unterrichten, so wird man noch manches andere in den Erläuterungen bringen müssen.

1. Bei dem Geschäftsguthaben wird man mittheilen, wie viele Mitglieder den Geschäftsantheil voll gezahlt, wie viele damit das erste Hundert Mark noch nicht erreicht haben, wie viele die Hälfte erreichten u. s. w. Besonders aufzuführen ist der Betrag der Guthaben der zum Jahresschluß austretenden Mitglieder, wie seiner Zeit bei den Berathungen auf dem Stuttgarter Genossenschaftstag auch von Schulze empfohlen ist.

2. Bei den fremden Geldern (s. oben Bilanz I, Passiva 3 bis 9) ist der Zinsfuß der einzelnen Darlehns-Arten und die Zahl der Konten aufzuführen, wie Seite 39 aus dem vom Vorschußverein zu Insterburg entnommenen Beispiel zu ersehen ist.

3. Bei den verschiedenen Arten Kreditgewährung (s. oben Aktiva zu 3, 4, 5, 6) ist wie bei den fremden Geldern der Zins- und Provisionsfuß und die Zahl der Posten bei dem Kontokorrent der Konten anzuführen. Außerdem aber empfiehlt sich auch eine Mittheilung über die verschiedene Höhe der Vorschußwechsel, der Geschäftswechsel und der Hypotheken nach gewissen Stufen. Man vergleiche auch hier das Seite 38 angeführte Beispiel aus Insterburg. Durch solche Erläuterungen bekommen die Mitglieder einen wirklichen Einblick in das Geschäft.

4. Ueber die Verwaltungskosten der Kreditgenossenschaften wird nach einem auf Schulze-Delitzsch's Antrag gefaßten Beschluß des Genossenschaftstages zu Bremen 1874 alle fünf Jahre eine Tabelle veröffentlicht, welche die Spezifikationen der Gehälter und sonstigen Verwaltungskosten in 18 Kolonnen bringt. Von den Vorstandsmitgliedern werden Gehalt, Tantièmen, Remunerationen, von besoldeten Beamten oder Gehülfen Gehalt oder Remuneration mitgetheilt, die anderen Verwaltungskosten werden gesondert in Ausgaben für Miethe, Heizung und Beleuchtung des Geschäftslokals — für Formulare, Geschäftsbücher und andere Bureaubedürfnisse — für Reisekosten und Diäten — für Zeitungen und Zeitschriften — und andere Verwaltungskosten. — In den Geschäftsberichten pflegen mindestens die größeren Vereine die Verwaltungskosten zu spezialisiren. Im Insterburger Geschäftsbericht z. B. wird von den Geschäfts-

unkosten für 1893 (23139 Mk.) mitgetheilt, worin sie bestanden. Man erfährt danach die Ausgabe für Besoldung der Vorstandsmitglieder, Besoldung des Buchhalters, der Kassengehülfen und für Hülfsarbeiter am Jahresschluß; Besoldung für den Revisor (des Aufsichtsraths); Lokalmiethe einschl. Beheizung und Beleuchtung; Schreibmaterial, Formulare, Drucksachen, Buchbinderarbeiten, Zeitungen und Geschäftsbibliothek; Abgaben und Gerichtskosten; Portis; Mankogelder; Insertionen; Beschickung des Genossenschaftstages und des Provinzialverbandstages; Beiträge zum Allgemeinen und Provinzialverband; unvorhergesehene Ausgaben.

5. Als selbstverständlich kann es bezeichnet werden, daß die Geschäftsberichte über Verluste, wenn solche in dem Geschäftsjahr vorgekommen sind, genaue Angaben enthalten müssen.

6. Kreditgenossenschaften, die nach Schulze-Delitzsch' Lehren arbeiten, pflegen ihren Geschäftsberichten eine tabellarische Uebersicht über die Geschäftsresultate in einer größeren Reihe von Jahren beizufügen, mit Berechnung von Prozentsätzen. Als Beispiel möge wieder der Vorschußverein zu Insterburg dienen. Dieser bringt im Geschäftsbericht für 1893 eine Uebersicht über 29 Geschäftsjahre. Es wird darin aufgeführt u. a. Zahl der Mitglieder; Guthaben, Reserve, Anlehen, gewährte Vorschüsse, Einnahmen, Ausgaben (von Zinsen, Besoldungen), Unkosten und Verluste, Gewinne — und außer dem Betrage ist jedesmal der Prozentsatz des Betriebsfonds beigefügt. Um zu zeigen, welches anschauliche Bild von der Geschäftsthätigkeit solche Tabelle gewährt, will ich aus der Insterburger Tabelle nur Mitgliederzahl und einige von den Kolonnen mit den Prozentsätzen des Betriebsfonds mittheilen — aber nur für die letzten zehn Jahre.

		Prozente des Betriebsfonds:									
							Ausgabe an				
	Mitgliederzahl	Guthaben	Reserven	Anleihen	Gewährte Vorschüsse.	Einnahmen	Zinsen	Besoldungen	Unkosten und Verlust überh.	Gewinn	Dividende %
1884	2865	32,5	5,5	62,0	454	5,8	2,3	0,6	3,1	2,6	8½
1885	2984	32,8	5,6	61,5	439	5,9	2,3	0,6	3,1	2,7	8
1886	3085	34,6	5,8	59,5	390	5,7	2,2	0,6	3,1	2,5	7½
1887	3136	36,6	6,1	57,1	377	5,7	2,0	0,6	2,9	2,7	7½
1888	3237	39,8	6,5	53,7	394	5,3	1,9	0,6	2,8	2,5	6½
1889	3335	40,6	6,3	53,1	406	5,4	1,9	0,6	2,6	2,8	6½
1890	3408	40,6	6,1	53,5	428	5,6	1,5	0,6	2,6	3,0	7
1891	3498	39,3	5,9	54,8	411	5,4	1,5	0,5	2,4	2,8	6½
1892	3592	40,9	6,4	52,7	410	5,3	1,6	0,5	2,3	2,9	6½
1893	3719	40,2	6,2	53,6	407	5,4	1,6	0,5	2,3	2,1	7

Vereinsleiter, die über die Leistung der eigenen Kreditgenossenschaft ein klares zuverlässiges Bild gewinnen wollen, mögen einmal für eine Reihe Jahre rückwärts diese Verhältnißzahlen berechnen; sie werden daraus auch den Nutzen der Statistik in den Geschäftsberichten erkennen.

Jedenfalls glaube ich dargethan zu haben, daß jede Kreditgenossenschaft gut daran thut, ihre Geschäftsberichte zunächst nach dem Stuttgarter

Schema zu entwerfen, dann aber mit solchen Erläuterungen zu versehen, daß die Mitglieder einen klaren Einblick in die ganze Geschäftsgebahrung gewinnen.

Charlottenburg, Dezember 1894.

Die Reichsbank und deren Kreditgewährungen an Landwirthe, Handwerker und Genossenschaften.

1. Die Reichsbank nach den Gesetzen vom 14. März 1875 und 18. Dezember 1889.

Die Reichsbank ist durch das Bankgesetz vom 14. März 1875 als eine unter Aufsicht und Leitung des Reichs stehende Bank errichtet und mit einem Grundkapital von 120 Millionen Mark ausgerüstet. Im Jahre 1889 wurde im Reichstage über eine Vorlage zur Abänderung des Bankgesetzes verhandelt. Anlaß zur Vorlage gab § 41 des Bankgesetzes, in welchem sich das Reich vorbehalten hat, zuerst zum 1. Januar 1891, dann aber von 10 zu 10 Jahren nach einjähriger Ankündigung die Reichsbank aufzuheben oder durch Ankauf sämmtlicher Antheile zum Nennwerthe zu verstaatlichen. Die Berathung des Reichstages im Dezember 1889 führte zur Annahme des am 1. Januar 1891 in Kraft getretenen Gesetzes vom 18. Dezember 1889. Nach diesem erhalten die Antheilseigner (40000 Antheile zu je 3000 M.) von dem beim Jahresschluß sich ergebenden Reingewinn vorweg $3\frac{1}{2}$ pCt. (früher $4\frac{1}{2}$ pCt.) ordentliche Dividende; von da ab wird der Ueberrest halbirt bis zu 6 pCt. (früher bis zu 8 pCt.) und erhalten darüber hinaus die Antheilseigener nur $\frac{1}{4}$, das Reich $\frac{3}{4}$.

Bei der Berathung im Reichstage wurden von mehreren konservativen Rednern, die man damals schon als Agrarier bezeichnete, neben dem Verlangen nach Verstaatlichung der Reichsbank, besondere Wünsche oder Forderungen der Landwirthe und Handwerker vorgetragen. Der damalige Bankpräsident von Dechend trat den agrarischen Forderungen scharf entgegen und wies überzeugend nach, daß die Reichsbank den Landwirthen und Handwerkern alles leistet, was sie nach dem Gesetze zu leisten vermag.

2. Neue Beschwerden der Agrarier und Handwerker.

So vor 5 Jahren; jetzt liegt dem Reichstag zur zweiten Berathung des Etats ein vom Zentrum unterstützter Antrag des klerikalen Abgeordneten Domvikar Dr. jur. Pichler von Passau vor, wonach die verbündeten Regierungen ersucht werden sollen, die Mittel der Reichsbank im weiteren Umfang als bisher, dem landwirthschaftlichen Kreditbedürfniß zugänglich zu machen. Auch gesteigerte Anforderungen der Handwerker werden wieder auftauchen. Vor wenigen Tagen (Dezember 1894) hat der antisemitische Reichstagsabgeordnete Ahlwardt seinen Wählern in Woldenberg in einem Vortrage verkündet, die Reichsbank müsse verstaatlicht werden, in jeder Stadt müsse eine Nebenstelle entstehen und den Handwerkern zu mäßigem Zinsfuß Darlehen gewähren.

Dergleichen Anträge und Forderungen können nur bei denjenigen Anklang finden, die von der Reichsbank, ihrer gesetzlichen Bestimmung und ihrem Statut keine genaue Kenntniß haben.

3. Gesetzliche Aufgabe und Befugnisse der Reichsbank.

Die Reichsbank hat nach § 12 des Bankgesetzes die Aufgabe, den Geldumlauf im gesammten Reichsgebiete zu regeln, die Zahlungsausgleichungen zu erleichtern und für die Nutzbarmachung verfügbaren Kapitals zu sorgen. Die Reichsbank ist verpflichtet, Barrengold zum festen Satze von 1392 Mk. für das Pfund fein gegen ihre Noten umzutauschen und für den Betrag ihrer im Umlauf befindlichen Banknoten jederzeit mindestens ein Drittel in kursfähigem deutschen Gelde, Reichskassenscheinen oder Gold und den Rest in diskontirbaren Wechseln mit Verfallzeit von höchstens drei Monaten und mindestens zwei als zahlungsfähig bekannten Verpflichteten in ihren Kassen als Deckung bereit zu halten. (§ 17.)

Mit diesen Verpflichtungen steht im Zusammenhang die Bestimmung, wonach die Reichsbank befugt ist, in zweierlei Form Kredite zu gewähren. Sie ist nach § 13 des Bankgesetzes befugt, folgende Geschäfte zu betreiben:

1. Wechsel mit einer Verfallzeit von höchstens drei Monaten und in der Regel mit drei mindestens zwei als zahlungsfähig bekannten Verpflichteten zu diskontiren, zu kaufen und zu verkaufen.

2. Zinsbare Darlehne auf nicht länger als drei Monate gegen bewegliche Pfänder zu ertheilen (Lombardverkehr) und zwar

a) gegen zinstragende oder spätestens in einem Jahr fällige, auf den Inhaber lautende Schuldverschreibungen des Reiches, eines deutschen Staates oder inländischer kommunaler Korporationen, gegen garantirte deutsche Eisenbahnprioritäten, gegen deutsche Pfandbriefe u. s. w. zu höchstens $^3/_4$ des Kurswerthes;

b) gegen ausländische Staatsschuldverschreibungen und Prioritäten zu höchstens 50 pCt.

d) gegen Wechsel anerkannt solider Verpflichteten zu höchstens 95 pCt.;

e) gegen Verpfändung im Inlande lagernder Kaufmannswaaren, höchstens bis zu $^2/_3$ des Werthes.

4. Wem gewährt die Reichsbank Kredit?

Die allgemeinen Bestimmungen über den Geschäftsverkehr der Reichsbank stellen als Grundsatz folgendes vorweg:

„Jeder ordentliche Geschäftsmann kann nach Maßgabe der nachfolgenden Bestimmungen mit der Reichsbank in Geschäftsverkehr treten. Er hat zuvor der Bankanstalt, in deren Bezirk er seinen Wohnsitz hat, die erforderlichen Mittheilungen über seine Verhältnisse zu machen, und wenn seine Firma in das Handelsregister eingetragen ist, einen beglaubigten Auszug aus demselben zu überreichen."

Nach den Erläuterungen, die im Reichstage und sonst gegeben sind, werden auch Gutsbesitzer, Landwirthe, Handwerker, Korporationen, sowie die in das Genossenschaftsregister eingetragenen Genossenschaften zu den ordentlichen Geschäftsmännern gerechnet.

5. Was verlangen die Landwirthe von der Reichsbank?

Was der klerikale Abgeordnete Domvikar Dr. jur. Pichler aus Passau mit seiner Forderung gesteigerten landwirthschaftlichen Kredits eigentlich will, läßt sich vor Verhandlung seines Antrages im Reichstage nicht bestimmt sagen.*) Man muß vermuthen, daß der Antragsteller dieselben oder ähnliche Forderungen an die Reichsbank stellt, wie sie bei den Verhandlungen des Reichstages im Jahre 1889 von den Agrariern geltend gemacht sind. Diese gingen im wesentlichen dahin, die Reichsbank solle Landwirthen, zur Verstärkung ihres Betriebskapitals, Kredit auf Wechsel mit einer Unterschrift und nicht blos auf 3 Monate, sondern auch auf 6 Monate bis ein Jahr, und beim Mangel absoluter Sicherheit, also bei vermehrtem Risiko gegen höhere Zinsen gewähren sowie ihnen Lombardkredit, nicht blos gegen Verpfändung der Zucker- und Spiritusvorräthe, sondern auch von anderen Erzeugnissen der Landwirthschaft bis zu 80 pCt. des Werthes, möglichst billig, möglichst formlos und möglichst lange gewähren.

Wer die oben aufgeführten gesetzlichen Vorschriften über den Geschäftsverkehr der Reichsbank kennt, der weiß, daß die Reichsbank gar nicht befugt ist, unsichere Wechsel, Wechsel mit einer Unterschrift, Wechsel über länger als drei Monate Frist zu diskontiren und zu kaufen oder Lombarddarlehen auf länger als drei Monate zu gewähren.

„Ein Institut, das die Verpflichtung hat, für den Geldumlauf im ganzen Reiche zu sorgen und seine Noten sofort einzulösen, kann langsichtige Wechsel nicht nehmen,“

sagte Bankpräsident von Dechend in den Reichstagsdebatten jener Tage. Uebrigens hat schon die preußische Bank, aus der die Reichsbank hervorging, seit 1856 den Gutsbesitzern ausnahmsweise Wechsel mit guten Unterschriften sogar prolongirt. Auch konnte von Dechend 1889

---

*) Der Reichstagsabgeordnete Dr. Pichler ist, nachdem seine Wahl ungültig erklärt worden, wiedergewählt. Sein Antrag ist, während sein Mandat erledigt war, vom Abg. Bachem aufgenommen und bei der zweiten Berathung des Reichshaushaltsetat in der Sitzung vom 25. März 1895 mit Mehrheit angenommen, jedoch ohne daß der Antragsteller oder einer seiner Freunde ihn begründet hat. — Es ist kaum anzunehmen, daß dieser Beschluß des Reichstages Folgen haben wird. Für Preußen aber beabsichtigt das Ministerium den Wünschen der Agrarier möglichst nachzukommen. Auf einen Antrag der konservativen Partei des Abgeordnetenhauses, 20 Millionen Mark zur Ausleihung an ländliche Darlehnskassenvereine zu niedrigem Zinsfuß zur Verfügung zu stellen, hat das Ministerium noch in dieser Session die Vorlegung eines Gesetzentwurfs zur Gründung einer genossenschaftlichen Centralkreditanstalt angekündigt. In der Einladung vom 6. Mai 1895 zu einer Konferenz von Sachverständigen schreiben die Minister der Finanzen und der Landwirthschaft: „Die Ueberzeugung, daß den produktiven Klassen des Mittelstandes, insbesondere dem bäuerlichen und Handwerkerstande der für ihren Bestand und ihr Gedeihen nothwendige gesunde und billige Personalkredit vielfach nicht zur Verfügung steht, hat die Königliche Staatsregierung dem Gedanken näher treten lassen, die Befriedigung dieses Kreditbedürfnisses zu fördern. Es ist hierfür in erster Linie die Errichtung einer Centralkreditanstalt und -Ausgleichskassen für die Verbände von Kreditgenossenschaften und die seitens der landschaftlichen oder anderen kommunalen Korporationen für den Personalkredit geschlossenen Institute sowie die Beschaffung der für diese Anstalt zunächst erforderlichen Betriebsfonds in Erwägung gezogen.“ . . . . Die Verwirklichung des Plans würde dem „gesunden“ Personalkredit der Bauern und Handwerker nicht förderlich, sondern nur schädlich sein.

mittheilen, daß jährlich 12 bis 15 Millionen Mark Darlehen auf landwirthschaftliche Produkte (Spiritus, Zucker u. s. w.) gewährt seien, und daß unter der Gesammtheit der 56000 bei der Reichsbank accreditirten Personen und Firmen sich 5044 Gutsbesitzer, meist in den östlichen Provinzen Preußens, befinden.

6. Was verlangen die Handwerker von der Reichsbank?

Für die Handwerker wurden 1889 im Reichstage ähnliche Forderungen wie für die Landwirthe geltend gemacht; auch ihnen sollte die Reichsbank auf Wechsel mit einer Unterschrift Kredit gewähren. Auch diesen Forderungen trat Bankpräsident von Dechend scharf entgegen. Auf Beschwerden, daß von Bankstellen Wechsel von Handwerkern zurückgewiesen seien, hatte er am 25. November 1887 eine Zirkularverfügung erlassen, worin es heißt, es solle kein Unterschied zwischen den verschiedenen Ständen gemacht werden; auch der Handwerker solle Kredit haben, wenn er ihn verdient. In ähnlicher Weise hat sich im vorigen Jahre der jetzige Bankpräsident Dr. Koch in einem Bescheide ausgesprochen auf das Ersuchen, „Handwerkern, kleinen Gewerbetreibenden und Detailhändlern bei der Reichsbank längeren Kredit billig und direkt zu ertheilen.“ Dr. Koch erwiderte, die Reichsbank sei verpflichtet, ihre Noten gegen baar sofort einzulösen, sei deßhalb nicht im Stande, langsichtigen Kredit zu bewilligen und dürfe gesetzlich nur Wechsel mit einer Verfallzeit von höchstens drei Monaten diskontiren.

„Im Rahmen der Bestimmungen des Bankgesetzes aber gewährt sie jedem, auch dem kleineren soliden Geschäftsmanne, angemessenen Kredit, wenn und soweit seine Geschäftsführung und sein Vermögen für die pünktliche Erfüllung seiner Zahlungsverbindlichkeiten Gewähr bietet. Allein der bemittelte Handwerker und Gewerbetreibende werden sich stets vortheilhaft zu kreditfähigen Genossenschaften zusammenschließen.“ *)

7. Das zur Kreditfähigkeit erforderliche Vermögen.

Aus diesem Bescheide ergiebt sich, daß zur Kreditfähigkeit bei der Reichsbank ein gewisses Vermögen gehört und zwar nicht bloß für jeden Geschäftsmann, sondern auch für eine Genossenschaft. Der verstorbene Präsident von Dechend hat dies ebenfalls in den Reichstagsverhandlungen von 1889 ausgesprochen. Bei den Wünschen, daß die Bank mehr für die Landwirthe thue, sagte er, läge der Vorschlag nahe, landwirthschaftliche Genossenschaften zu bilden, wie sie für den Handwerker beständen. Von den Handwerker-Genossenschaften (er meinte damit die Kreditgenossenschaften des Schulze-Delitzsch'schen Systems) seien 450 bei der Reichsbank akkreditirt und machten von dem Recht, bei der Bank Wechsel zu diskontiren, reichlichen Gebrauch. Von landwirthschaftlichen Kreditgenossenschaften habe er fast nichts gehört, abgesehen von einem Kreditverein, der aber noch nicht 2000 Mk. Kapitalvermögen besitze.

„Das sind keine landwirthschaftlichen Kreditvereine, die auf Unterstützung der Bank rechnen dürfen. Bilden Sie solide, auf guter Grundlage beruhende Genossenschaften und Sie können sicher sein, die Unterstützung der Reichsbank zu finden.“

*) Vergl. die vorige Anmerkung.

Für jeden Gewerbetreibenden — Landwirth, Handwerker, Fabrikanten, Kaufmann — und für jede Genossenschaft ist danach die Frage wichtig: Wie viel Vermögen gehört dazu, bei der Reichsbank Kredit zu erhalten, wie viel Vermögen ist zu diesem Behufe nachzuweisen?

Amtlich veröffentlicht ist meines Wissens darüber nichts. Allein, es ist bekannt, daß als Regel ein eigenes Vermögen von mindestens 15000 Mk. verlangt wird. Ein Unterschied zwischen dem ins Handelsregister eingetragenen Kaufmann und dem nicht eingetragenen Handwerker, oder zwischen der ins Handelsregister eingetragenen Handelsgesellschaft und der ins Genossenschaftsregister eingetragenen Genossenschaft wird dabei nicht gemacht. Zur Feststellung des eigenen Vermögens wird bei Aktiengesellschaften dem Aktienkapital, bei eingetragenen Genossenschaften dem Geschäftsguthaben der Reservefonds hinzugerechnet. Es genügt demnach der Nachweis eines Vermögens von 15000 Mk., um mit der Reichsbank in Geschäftsverkehr zu treten, ihr bankmäßige Wechsel, d. h. Wechsel auf geschäftlicher Grundlage, mit höchstens drei Monaten Frist und mit mindestens zwei als zahlungsfähig bekannten Verpflichteten zu verkaufen, oder von ihr Lombarddarlehen gegen Verpfändung nach § 13 des Bankgesetzes genügender Werthpapiere, Wechsel oder Waaren zu erhalten.*) Wer weder bankfähige Wechsel zum Diskontiren noch genügende Gegenstände zur Lombard-Verpfändung besitzt, kann mit der Reichsbank in keinen direkten Geschäftsverkehr treten, wenn er auch ein Vielfaches von 15000 Mk. in Vermögen besitzen sollte, z. B. wenn sein Vermögen in Grundstücken, Hypotheken, Schuldscheinen, Industriepapieren angelegt ist.

8) Einschätzung der Kredithöhe nach dem Vermögen.

Die Bankstellen nehmen regelmäßig die Hälfte des eigenen Vermögens ihrer Kunden**) als Kreditfähigkeitsgrenze an. Natürlich wird es nicht selten vorkommen, daß die Vorsteher der Bankstelle, wenn sie nicht blos über das Vermögen, sondern über die Persönlichkeit des Kreditsuchenden, über seine geschäftliche Tüchtigkeit und Solidität genau unterrichtet sind, sich nicht streng an jene Regel kehren, sondern bei ihrer Entscheidung innerhalb des in jedem Geschäft unentbehrlichen Spielraumes eine höhere Kreditgewährung zulassen. Indessen ist zu bedenken, daß auch die Reichsbank schon empfindliche Verluste erlitten hat, und daß die Vorstandsmitglieder der Bankstellen mit ihrem eigenen Vermögen, insbesondere mit der aus den Tantiemen für sie angesammelten bedeutenden Kaution

---

*) Nach den allgemeinen Bestimmungen über den Geschäftsverkehr mit der Reichsbank werden Lombarddarlehen in Beträgen von weniger als 500 Mk. „in der Regel“ nicht ertheilt. Hierzu ist aber neuerdings eine ergänzende Bestimmung dahin erlassen, daß der Mindestbetrag von Darlehen an Nichtkaufleute gegen Verpfändung von Schuldverschreibungen des Reichs oder eines Bundesstaats einhundert Mark ist.

**) Diese Darstellung ist, wie von zuverlässiger Seite mitgetheilt wird, nicht ganz richtig. „Es ist richtig“, schreibt man mir, „daß die Bankstellen bei Genossenschaften regelmäßig die Hälfte des eigenen Vermögens als Kreditgrenze annehmen. Aber bei anderen Geschäften ist der Bruchtheil ganz verschieden und hängt von der Flüssigkeit des Vermögens ab. Ueber die Sätze wird nichts veröffentlicht.

für die Verluste haften, die durch unvorsichtige oder leichtsinnige Kreditgewährung entstehen.

Tritt eine Kreditgenossenschaft mit einer Reichsbankstelle in Geschäftsverkehr, so hat sie ihr Statut, die Bilanz und die Geschäftsberichte der letzten Jahre einzureichen. Zur Veranschlagung der Kreditfähigkeit hat der Vorstand der Bankstelle nicht blos das eigene Vermögen der Genossenschaft zu berechnen, er hat auch zu prüfen, wie sich dasselbe zum Betriebskapital verhält, wie hoch die Belastung der Mitglieder (deren Leistungsfähigkeit sich nach dem Mitgliederverzeichniß schätzen läßt) pro Kopf durch die fremden Gelder ist, welche Grenzen für die Kreditgewährung an Genossen durch die Generalversammlung bestimmt sind, (§ 47 des Genossenschaftsgesetzes), ob die Genossenschaft ihre Mittel flüssig hält, ob sie nicht durch Gewährung zu hoher Kredite an Großindustrielle diejenigen Schranken überschreitet, die einer auf Solidarhaft gegründeten, bei nicht geschlossener Mitgliedschaft des festen Gesellschafts-Kapitals entbehrenden Kreditgenossenschaft gezogen sind. Der Vorstand wird endlich durch Vergleichung mit früheren Geschäftsberichten zu prüfen haben, ob die Genossenschaft bestrebt ist, durch Vermehrung des eigenen Vermögens an Guthaben und Reserven der „Grundforderung solider Geschäftsführung", wie Schulze-Delitzsch es nennt, zu genügen oder ob sie durch Vernachlässigung derselben ihre Basis verschlechtert. Sind danach Bedenken nicht vorhanden, so wird der Kredit der Genossenschaft auf die halbe Höhe ihres eigenen Vermögens eingeschätzt werden. *)

9. Belastungslisten und Kreditfähigkeitslisten und deren Berichtigung.

Jede Bank, die Volksbank so gut wie die Aktienbank und der Privatbankier muß eine Belastungsliste führen, die in jedem Augenblick eine Uebersicht aller derjenigen Beträge giebt, die ein Kunde auf seinen eigenen Kredit entnommen hat und andererseits derjenigen Beträge, für die er als Bürge oder sonst mitverpflichtet ist. Nach der sorgfältig geführten und täglich nachgetragenen Belastungsliste ist jederzeit zu beachten, wie hoch der Kunde seinen Kredit in Anspruch genommen hat. In der Reichsbank wie in anderen Banken wird zur Berechnung der Belastung bei Wechseln mit Unterschriften mehrerer „als zahlungsfähig bekannten" Personen oder Firmen der Kunde nicht mit der ganzen Summe als belastet angesehen, sondern je nach der Zahl solcher nur mit der Hälfte oder einem Drittel u. s. w. Unterschriften von Personen und Firmen, die nicht bekannt sind oder deren Zahlungsfähigkeit nicht bekannt ist, kommen bei keiner Berechnung in Betracht.

Zu den ausgezeichneten Einrichtungen der Reichsbank gehört, daß jede Bankstelle über die Kreditfähigkeit jedes Bankkunden im ganzen

*) Man sieht daraus, wie verkehrt es ist, Schulze-Delitzsch's Grundsätze von der soliden Basis der Kreditgenossenschaften durch Ansammlung eines eigenen Vermögens bis zu $^1/_3$ des Betriebskapitals gering zu achten. Von zwei sonst gleichstehenden Kreditgenossenschaften mit 900000 M. Betriebskapital, von denen die eine entsprechend Schulze's Lehre an eigenem Vermögen (Guthaben und Reserven) $33^1/_3$ pCt. also 300000 M., die anderen 10 pCt. also 90000 M. besitzt, wird die erstere in der Regel mit einem Reichsbankkredit von 150000 M., die andere von 45000 M. eingeschätzt werden.

Reiche stets unterrichtet ist. Jede Bankstelle führt über die eigenen Kunden, über die Kunden ihres Bezirks, eine Liste. Sämmtliche Bankstellen — zur Zeit 17 Reichsbankhauptstellen und 46 Reichsbankstellen — prüfen alljährlich und berichtigen ihre Listen und tauschen die berichtigten Listen mit allen anderen Bankstellen aus. Dies geschieht so, daß die Arbeit auf das ganze Jahr vertheilt wird. Jeden Monat haben bestimmte Bankstellen die Prüfung, Berichtigung und Versendung der Listen vorzunehmen. Natürlich werden bei Konkursen auch Telegraph und Telephon benutzt.

Charlottenburg, Januar 1895.

Dr. Glackemeyer's Kampf gegen Schulze-Delitzsch's Grundlehren und Organisation.

Eine Replik.

I.

Vorbemerkung.

Als ich mich entschlossen hatte, Dr. Glackemeyer's Kampf gegen die Organisation und die Grundlehren von Schulze-Delitzsch in einer besonderen Schrift nach seinen eigenen Schriften und Aufsätzen im Lichte der Wahrheit darzustellen, ließ ich kurz vor dem Erscheinen der Schrift die Kapitelüberschriften ohne Nennung des Verfassers durch die „Genossenschaftsblätter" mittheilen. Sofort erklärte Dr. Glackemeyer in seinem „Kreditverein" im voraus, daß dies Buch, von dem der Anwalt Schenck keine einzige Zeile früher als Dr. Glackemeyer zu sehen bekommen hat, ein ganz niedrigstehendes, „im Hause in Berlin" (d. h. im Anwaltschaftsbureau) entstandenes Pamphlet sei, man suche einen „Strohmann" oder Sitz-Redakteur dafür, damit man sich nicht die Finger verbrenne. Die Drohung mit dem Staatsanwalt genügte ihm noch nicht, er veröffentlichte die Ueberschriften von zehn Kapiteln einer Gegenschrift. Die Gegenschrift ist erschienen. Die Fülle neuer Schmähungen, unwahrer Verdächtigungen und Verleumdungen, die darin gegen mich wegen meines „Pamphlets" geschleudert wird, haben für die Sache keine Bedeutung. Auch bietet die Gegenschrift für den, der die letzten Jahrgänge des „Kreditvereins" gelesen hat, wenig Neues; die meisten Nachweisungen, die ich in meiner Schrift über Dr. Glackemeyer's Stellung zu Schulze-Delitzsch gab, erwähnt sie nicht. Die Zitate aus meinem Buche sind zum großen Theile entstellt. Wer beide Schriften mit einander vergleicht, erkennt sicher, wo das „Licht der Wahrheit" leuchtet. Bei dem Werth aber, den für die Fortentwicklung des deutschen Genossenschaftswesens Grundlehren und Organisation von Schulze-Delitzsch haben, erscheint mir eine Replik in einzelnen Punkten angebracht.

II.

Wo bleiben die Grundlehren?

Von den Grundlehren Schulze's, von denen ich nachwies, daß Dr. Glackemeyer sie eifrig und oft mit Spott und Hohn bekämpft (s. meine Schrift S. 80 bis 86), hat er in seiner Gegenschrift manche nicht berührt. Einzelne der von ihm behandelten Grundlehren seien hier besprochen.

1. Mitgliedschaft der Kreditvereine.

Die Grundlehre Schulze's in betreff der Mitgliedschaft geht dahin: „So lange jemand noch den eigenen und der Seinigen Unterhalt, sei es auch kümmerlich, durch Arbeit zu erschwingen im stande sei, solle man ihn als Mitglied aufnehmen." Dr. Glackemeyer sagt dagegen: „Was sollen die Kreditvereine mit den Arbeitern, Gesellen, Gehülfen, Dienstmännern, ja Dienstmädchen als Mitgliedern?" — Ich konnte nachweisen, daß nach dem Jahresbericht für 1892 diese Berufsklassen, die er ausschließen wollte, 10,6 pCt. der Mitgliedschaft ausmachten. Dem gegenüber erklärt Dr. Glackemeyer: „Unter den 960 Mitgliedern der Credit-Bank zu Hannover befinden sich Kommis, Gesellen, Fabrikarbeiter, Dienstmänner, Dienstmädchen ꝛc. garnicht, Frauen ohne Beruf nur verschwindend wenige, kleine Beamte nur in geringer Zahl." Kontroliren läßt sich diese Behauptung nicht, da Dr. Glackemeyer hier, wie in der Regel, über die Verhältnisse seines eigenen Vereins Zahlen anzugeben verschmäht.

Aber zur Zeit, als er noch Unterverbandsdirektor war, hat er sich einmal veranlaßt gesehen, sich mit seinem Verein an der Berufsstatistik des Anwaltes zu betheiligen. Aus dem Jahresbericht von 1888 ist zu entnehmen, daß von den damals 873 Mitgliedern des Credit-Vereins Hannover, den von ihm verfehmten Berufsklassen nicht weniger als 10,9 pCt. angehörten, nämlich 12 Fabrikarbeiter und Gesellen, 16 Kommis, 34 kleine Beamte und 34 Frauen ohne Beruf.*) Sind diese inzwischen ausgetreten oder ausgeschlossen, oder hält Dr. Glackemeyer in diesem Punkte in seinem Verein thatsächlich an der von ihm verworfenen Grundlehre Schulze's fest?

Ich möchte letzteres annehmen. Denn in dem neuesten Geschäftsbericht der Credit-Bank schließt eine Mittheilung, wonach sich die Mitgliederzahl um 24 vermehrte und jetzt 962 beträgt, mit den Worten: „Selbstredend findet auch der kleine Mann bei nachgewiesener Würdigkeit gern Aufnahme." Man sollte meinen, daß zu dem „kleinen Mann" auch die Arbeiter, Gesellen, Kommis, kleine Beamte und Frauen ohne Beruf gehören.

2. Eigenes Vermögen.

Unter den Grundlehren von Schulze-Delitzsch ist von ihm selbst wiederholt auf Genossenschaftstagen durch Anträge und Reden in den

---

*) In dem bei der Vergleichung von Dr. G. in erster Reihe genannten Vorschußverein zu Insterburg gehören nach der in seinem Jahresbericht für 1894 enthaltenen Berufsstatistik der Mitglieder zu jenen verfehmten Klassen 594 von 3848 Mitgliedern oder 12,8 pCt.

Vordergrund gestellt und in seinem Buche als dringendes Erforderniß für jeden Kreditverein betont: „das angemessene Verhältniß des eigenen Vermögens zum fremden." Dr. Glackemeyer hatte in seinen Geschäftsberichten mehrmals erklärt, alle Kreditvereine Deutschlands könnten sich ein Beispiel nehmen an den Bemühungen der Credit-Bank zu Hannover, dem Geschäfte eine möglichst gute Basis zu schaffen.

Dem gegenüber habe ich in meiner Schrift zur Warnung wörtlich abgedruckt, was Schulze-Delitzsch unter einer guten Basis verstand. Als eine Grundforderung bei der Geschäftsführung verlangte er die Bildung eines eigenen angemessenen Kapitals. Dasselbe könne in einem zu solider Geschäftsbegründung unentbehrlichen Verhältniß zum fremden Kapital erst allmälig durch unausgesetzte Thätigkeit der Genossenschaft erreicht werden. Schon von dem neubegründeten Vorschußverein aber forderte er, daß derselbe mindestens 10 pCt. der aufgenommenen fremden Gelder (also 9 pCt. des gesammten Betriebsfonds) an eigenem Fonds besitze und sich baldmöglichst bemühe, das eigene Kapital bis auf ein Drittel des gesammten Betriebsfonds zu bringen.

Der Prahlerei des Dr. Glackemeyer gegenüber hatte ich durch Zahlen dargethan, wie weit die Credit-Bank zu Hannover zufolge der von Dr. Glackemeyer vertretenen Grundsätze von dem entfernt sei, was Schulze-Delitzsch unter den unerläßlichen Grundforderungen eines soliden Bankgeschäfts verstand; und wie sie sich sogar von Jahr zu Jahr weiter von dieser Basis entfernt habe. Durch Vergleiche mit den entsprechenden Zahlen aus einer Reihe notorisch gut geleiteter Kreditvereine fast aus allen Gauen Deutschlands begegnete ich dem Einwande, daß es andere Vereine auch nicht besser machten.

Diesen Ausführungen tritt Dr. Glackemeyer in seiner Schrift Seite 128 bis 143 mit Heftigkeit entgegen, indem er dabei meine Ausführungen entstellt wiedergiebt und sich um den eigentlichen Kern der Frage herumdrückt. Unter Anpreisung der Höhe der Reserven in der Credit-Bank bekämpft er zwar eine Steigerung der Guthaben als schädlich, hütet sich aber, zu erwähnen, wie niedrig das Verhältniß des gesammten eigenen Vermögens zum Betriebsfonds in der Credit-Bank ist.

Durch die Geschäftsberichte der Credit-Bank für 1893 und 1894 kann ich meine früheren Ausführungen ergänzen. Dem diesjährigen Geschäftsberichte ist eine Uebersicht der Geschäftsergebnisse der letzten zehn Jahre beigefügt. Derselbe führt die Beträge der Guthaben, der Reserven und der Spareinlagen (der fremden Gelder) auf. Danach stellt sich das Verhältniß des eigenen Vermögens zum Betriebsfonds noch ungünstiger heraus, als nach den in meinem Buche auf Grund der aufgestellten Tabellen des Jahresberichtes und der Geschäftsberichte für 1890 bis 1892 aufgestellten Berechnung. Das eigene Vermögen (Guthaben und Reserve) der Credit-Bank betrug Prozente des Betriebsfonds

1885 10,5, 1886 8,8, 1887 9,9, 1888 9,4, 1889 9,4, 1890 9,9, 1891 9,7, 1892 9,2, 1893 9,2, 1894 9,0.

Für 1894 war in der Tabelle nicht der Betrag der Reserven vor Vertheilung des Reingewinnes, wie für die früheren Jahre, sondern unter Zuschreibung des Reingewinnes, vorbehaltlich der Genehmigung der Generalversammlung aufgeführt. Danach berechnet, erhöht sich der Betrag der Reserven von 4,5 auf 5,1 pCt. und das gesammte eigene Vermögen auf 9,6 pCt. des Betriebsfonds.

Alle noch so erheblichen Dotirungen des Reservefonds aus den Reingewinnen haben bisher kaum ein solches Verhältniß des eigenen Vermögens zum Betriebsfonds hergestellt, wie es Schulze-Delitzsch von allen Vereinen schon in den ersten Jahren ihrer Thätigkeit verlangt. „Unerläßlich ist es", so sagt er wörtlich in der 1876 erschienenen Ausgabe seines Buches „Vorschuß- und Kreditvereine als Volksbanken" (S. 84) — „mit dem Anwachsen des fremden Kapitals in den Vereinskassen die Steigerung der eigenen Fonds Hand in Hand gehen zu lassen, oder, wo das letztere in angemessener Progression nicht thunlich erscheint, mit der Annahme fremder Gelder innezuhalten, und das Geschäft lieber zu beschränken, als seine Ausdehnung auf unsolider Basis zu begründen."

Alle Ausführungen des Dr. Glackemeyer in seiner Schrift und in seinem Geschäftsbericht sind nicht im Stande, das Urtheil Schulze's aus der Welt zu schaffen. Auch kann Dr. Glackemeyer nicht leugnen, daß jedes solide, große Bankgeschäft, voran die Deutsche Reichsbank, bei ihren Kreditgewährungen den Hauptwerth auf das Verhältniß des eigenen Vermögens zum fremden Kapital legt. Ist es, wie er behauptet, eine Kleinigkeit, durch Erhöhung des Betriebsantheils, der bei der Credit-Bank nur 300 Mk. beträgt, die Guthaben im „Handumdrehen" bedeutend zu erhöhen, warum bekämpft er die Erhöhung der Geschäftsantheile und beläßt deshalb das eigene Vermögen so niedrig, daß der Verein nach Schulze's Urtheil zu keiner soliden Basis gelangt ist?

Davon, daß das eigene Vermögen der Credit-Bank noch nicht ein Zehntel des Betriebsfonds bildet, erwähnt Dr. Glackemeyer nichts; er bekämpft nur die hohen Guthaben. Er behauptet, Vereine mit hohen Guthaben müßten, um hohe Dividenden zu erzielen: 1. den Zinsfuß für Ausleihung hoch bemessen, 2. zur Belegung mäßiger Kassenbestände vier- bis fünfprozentige Papiere ohne die unbedingt nöthige Bonität kaufen, 3. Großbankgeschäfte mit Großkaufleuten und Fabrikanten ohne genaue Prüfung der Sicherheiten treiben und Hypotheken auf industrielle Unternehmungen nehmen.

Daß schlecht verwaltete Kreditvereine mit Verachtung der Grundlehren Schulze-Delitzsch's so verfahren können, ist zweifellos. Daß gut verwaltete Kreditvereine, die Schulze's Lehren und Anweisungen beachten, nicht so zu verfahren brauchen, um ausreichende Dividende zu geben, läßt sich leicht nach den Beispielen solcher Vereine nachweisen, deren Geschäftsberichte über ihren gesammten Geschäftsverkehr genaue Auskunft geben. Ich verweise auf die Aufsätze über Gewinn- und Verlustvertheilung bei Kreditgenossenschaften S. 42 und über Geschäftsberichte S. 47, sowie auf die darin angeführten Beispiele aus den Geschäftsberichten des Vorschußvereins Insterburg und der Credit-Bank Hannover über das Geschäftsjahr 1893. Da jetzt die Geschäftsberichte beider Vereine für 1894 vorliegen, so lassen sich die gegenwärtigen Verhältnisse derselben vergleichen.

Zunächst will ich gegenüberstellen, wie sich bei beiden Vereinen in den letzten fünf Jahren das eigene Vermögen zum Betriebsfonds verhalten hat.

In Prozenten des Betriebsfonds betrugen:

	bei der Credit=Bank Hannover			beim Vorschußverein Insterburg		
	Guthaben	Reserven	fremde Gelder	Guthaben	Reserven	fremde Gelder
1890	6,6	3,3	90,1	40,6	6,1	53,3
1891	6,0	3,7	90,3	39,3	5,9	54,8
1892	5,4	3,8	90,8	40,9	6,4	52,7
1893	4,9	4,3	90,8	40,2	6,2	53,6
1894	4,5	4,5	91,0	39,0	6,4	54,6

Wer den Ausführungen Dr. Glackemeyer's über Schädlichkeit und Gefahren hoher Mitglieder=Guthaben Glauben schenkt, wird Einwendungen erheben:

a) „Können denn bei so hohen Guthaben wie in Insterburg Dividenden gezahlt werden? Die Credit=Bank Hannover gab regelmäßig 6 pCt., der Vorschußverein Insterburg für 1891 und 1892 6½, für 1890, 1893 und 1894 7 pCt. Dividende.

b) „Muß nicht zur Erreichung solcher Dividende bei hohen Guthaben der Zinsfuß für Ausleihungen sehr hoch bemessen werden?“ Wie hoch in der Hannoverschen Credit=Bank der Zinsfuß 1894 war, geht aus dem Geschäftsbericht nicht hervor. Beim Insterburger Vorschußverein in der geldarmen Provinz Ostpreußen war der Zinsfuß 1894 für gezogene Wechsel und Effektenlombard 4½, für trockene Wechsel 5, für Waarenlombard 5½ und für Kontokorrent 6 pCt.; jedoch in den vierzehn Tagen vom 1. bis 14. Januar für gezogene und trockene Wechsel und Effektenlombard ½ pCt. höher. War dies zu theuer?

c) „Müssen bei hohen Guthaben nicht die müßigen Kassenbestände in unsicheren Papieren angelegt werden?“ — In Insterburg keineswegs. Am Jahresschluß besaß der Verein nur Werthpapiere zum Nennwerth von 179450 M. (Credit=Bank zu Hannover 674350 M.) und zwar außer drei Aktien der Genossenschaftsbank 111200 M. Insterburger Stadt= und Kreisanleihen, 57,750 M. Ostpreußische Pfandbriefe, Provinzialobligationen und Rentenbriefe und 6900 M. preußische Konsols. Mit schwedischen und norwegischen Hypothekenbank=Pfandbriefen, mit fremden Staatsanleihen und „diversen Obligationen“, wie die Credit=Bank zu Hannover, hat sich der Insterburger Vorschußverein nicht befaßt.

d) „Dann wird der Insterburger Vorschußverein Großbankkredit an Großkaufleute und Fabrikanten gewährt und Hypotheken auf industrielle Unternehmungen gegeben haben?“ — Nichts von alledem. Während in der Credit=Bank zu Hannover im vorigen Jahre von der Generalversammlung auf Antrag des Vorstandes der Höchstbetrag des einem Mitgliede zu gewährenden Kredits auf 200000 M. festgestellt wurde, beträgt er im Insterburger Vorschußverein nur 30000 M. Auf Hypotheken hat der letztere Verein überhaupt nichts ausgeliehen.

Um die Stellung, welche die Hannoversche Credit=Bank in betreff der soliden Basis unter den größeren deutschen Vorschußvereinen einnimmt, übersichtlicher zu kennzeichnen, hatte ich in meinem Buche aus den Jahresberichten für 1892 von 23 notorisch gut geleiteten, größeren Kreditvereinen Deutschlands das Verhältniß des eigenen Vermögens zum Betriebsfond und die Belastung des einzelnen Mitgliedes durch die fremden Gelder berechnet und dann eine Reihenfolge der Vereine aufgestellt. In dieser

Reihenfolge marschirte die Hannoversche Credit-Bank weit voran in betreff der Belastung der solidarisch verhafteten Mitglieder durch fremde Gelder. Seitdem ist diese Belastung noch bedeutend angewachsen, wahrscheinlich weit mehr, als bei irgend einem der damals aufgeführten Vereine. Eine Vergleichung dieser Verhältnisse bei der Hannoverschen Credit-Bank und dem Insterburger Verein ergiebt für die letzten fünf Jahre Folgendes:

Auf den Kopf der Mitglieder fielen:

	Credit-Bank Hannover:		Vorschußverein Insterburg:	
	Fremde Gelder M.	Eigenes Vermögen M.	Fremde Gelder M.	Eigenes Vermögen M.
1890	2486	249	441	387
1891	2691	289	474	391
1892	3018	308	441	395
1893	3410	338	484	396
1894	3749	379	489	407

Dr. Glackemeyer bemüht sich, in seiner Schrift auf mehreren Seiten nachzuweisen, wie widersinnig solche Berechnungen seien; er findet es namentlich verwerflich, daß ich daneben auch noch eine Reihenfolge aufgestellt habe, bei der ich jedesmal von den fremden Geldern das eigene Vermögen abgezogen habe. Irgend welche Schlußfolgernngen in Betreff der einzelnen Vereine hatte ich an diese Aufstellungen nicht geknüpft. Damals betrug die Belastung nach Abzug des eigenen Vermögens, wenn ich die Berechnungen nach den jetzigen Uebersichten berichtige, bei der Credit-Bank zu Hannover pro Kopf 2710 M. (3018—308), beim Insterburger Vorschußverein 46 M. (441—395). Jetzt beträgt sie bei der Credit-Bank zu Hannover **3370** M. (3749—379), bei dem Insterburger Vorschußverein **82** M. (489—407).

Ueber die Verhältnisse der beiden Kreditvereine zu Schluß des Geschäftsjahres 1894 giebt die folgende Gegenüberstellung volle Klarheit.

	Credit-Bank in Hannover:	Vorschußverein Insterburg:
1. Mitgliederzahl	962	3848
2. Eintrittsgeld Mark	10	3
3. Geschäftsantheil Mark . . .	300	1500
4. Guthaben:		
a) Betrag Mark	181 321	1 344 801
b) pCt. Betriebsfonds . . .	4,5	39,0
c) pro Kopf Mark	188	349
5. Reserven:		
a) Betrag Mark	183 711	223 161
b) pCt. Betriebsfonds . . .	4,5	6,4
c) pro Kopf Mark	191	57
6. Eigenes Vermögen (Guthaben und Reserven):		
a) Betrag Mark	365 032	1 567 962
b) pCt. Betriebsfonds . . .	9,0	45,4
c) pro Kopf Mark	379	407

	Credit-Bank in Hannover:	Vorschußverein Insterburg:
7. Fremde Gelder:		
a) Betrag Mark	3 655 245	1 885 106
b) pCt. Betriebsfonds . . .	91,0	54,6
c) pro Kopf Mark	3749	489
8. Gesammt-Betriebsfonds:		
a) Betrag Mark	4 020 277	3 454 158
b) pro Kopf Mark	4128	896
9. Höchstbetrag des einem Mitgliede zu gewährenden Kredits:		
a) Betrag Mark	200 000	30 000
b) pCt. Betriebsfonds . . .	4,9	0,8
c) pCt. Reserve	108,8	13,4
d) pCt. eign. Vermögens . .	54,7	1,9
10. Werthpapier (Kurswerth):		
a) Betrag Mark	694 314	180 230
b) pCt. Betriebsfonds . . .	17,2	5,2
11. Reingewinn:		
a) Betrag Mark	38 693	75 455
b) pCt. Betriebsfonds . . .	0,9	2,1
12. Dividende pCt.	6	7

Insterburg ist eine Stadt von weniger als 30 000 Einwohnern. Aber unter jenen 23 Vereinen, deren Stellung zu der Grundlehre von dem eigenen Vermögen ich in meinem Buche verglich, befanden sich sechs in Städten von mehr als 100 000 Einwohnern. Alle diese Vereine hielten an jener Grundlehre Schulze's fest; es machte deshalb das eigene Vermögen einen weit größeren Theil ihres Betriebsfonds aus, als bei der Credit-Bank zu Hannover. Seitdem sind sie jener Grundlehre keineswegs untreu geworden. Wenn man die Geschäftsergebnisse des Jahres 1894 bei jedem dieser Vereine denen der Credit-Bank zu Hannover in gleicher Weise gegenüberstellte, wie ich dies bei dem Vorschußverein zu Insterburg that, so würde das Bild ein ähnliches sein.

Hiernach kann jedermann entnehmen: mit den Redensarten von den Gefahren hoher Geschäftsguthaben läßt sich die von Schulze-Delitzsch allezeit hochgehaltene Grundlehre von dem *angemessenen Verhältniß des eigenen Vermögens zu den fremden Geldern* nicht widerlegen. Schulze-Delitzsch, der „unsterbliche Meister", behält gegen Dr. Glackemeyer Recht: solches Verhältniß *ist unerläßlich zu solider Geschäftsführung der Kreditvereine.*

3. Dividenden, Hülfsreserven und Effektenreserve.

Dr. Glackemeyer hat seine Bekämpfung der Grundlehre Schulze-Delitzsch's über die Höhe des eigenen Vermögens durch eifriges Schelten auf hohe Dividenden und Hervorheben der Nothwendigkeit hoher Spezialreserven zu verdecken gesucht. Dies habe ich in meiner Schrift an verschiedenen Stellen nachgewiesen Nunmehr stellt er es dar, als ob früher die Bildung von Hülfsreserven im allgemeinen Verbande überhaupt bekämpft und erst jetzt durch einen vom Anwalt Schenck veranlaßten Beschluß des vorjährigen Genossenschaftstages in Gotha empfohlen sei; er deutet weiter darauf hin, als sei er der erste gewesen, welcher die Anlegung einer Effektenreserve gefordert habe. Von den auf Schulze-Delitzsch's Antrag gefaßten Beschlüssen auf den Genossenschaftstagen zu Neustadt a./H. 1869 und zu Konstanz 1873 und von Schulze's Aufsätzen, betreffend „die Behandlung der aus Kurssteigerung entstehenden Ueberschüsse bei den Kreditgenossenschaften" in den „Blättern für Genossenschaftswesen" 1873 und 1880 weiß er nichts. Was Schulze-Delitzsch in seinem grundlegenden Buche „Vorschuß- und Kreditvereine als Volksbanken" in derselben Frage anräth, erwähnt er mit keinem Worte. Die Effekten-Spezialreserve ist aber sowohl in Konstanz 1873 als auch von Schulze in seinem Buche 1876 und in seinen Aufsätzen 1880 dringend empfohlen. Das Genossenschaftsgesetz von 1868 hatte ebenso wie das preußische Genossenschaftsgesetz von 1867 keine besonderen Bestimmungen über den Reservefonds. Erst das Gesetz von 1889 hat, entsprechend dem Antrage Schulze-Delitzsch's in seiner Novelle von 1881, alle Genossenschaften verpflichtet, einen Reservefonds anzulegen — nachdem bereits das Reichsgesetz vom 18. Juli 1884 den Aktien- und Kommanditgesellschaften auf Aktien die Anlegung eines Reservefonds „zur Deckung eines aus der Bilanz sich ergebenden Verlustes" zwingend vorgeschrieben hatte.

Der gesetzliche Reservefonds darf nur zur Deckung eines aus der Jahresbilanz sich ergebenden Verlustes also nicht als „Dividendenreserve" zur Vertheilung oder Aufbesserung der Jahresdividende verwendet werden. Die Rechtsprechung auch der höchsten Gerichtshöfe hat lange geschwankt, ob überhaupt das Einstellen einer Reserve für zweifelhafte Forderungen — die Bildung eines sogenannten Delkredere-Reservefonds — zulässig sei. Erst infolge von Erkenntnissen der höchsten Gerichtshöfe des Reiches seit 1879 ist die Zulässigkeit solcher Hülfsreservefonds, neben dem gesetzlichen Reservefonds allgemein anerkannt. Nach dem Genossenschaftsgesetz von 1889 ist sogar ein Gewinnreservefonds, der zur Ergänzung der Dividenden in schlechten Jahren dienen soll, gesetzlich gestattet. Schulze-Delitzsch war stets mit Recht ein entschiedener Gegner einer solchen Dividendenreserve, durch welche unter Verschleierung der wahren Geschäftslage in der That Genossenschaftsvermögen als Dividende vertheilt wird. Wer sich darüber unterrichten will, findet reiches Material in den Berichten über die Genossenschaftstage und in den Blättern für Genossenschaftswesen.

Seitdem durch das Genossenschaftsgesetz von 1889 die Abtrennung der Hülfsreservefonds vom gesetzlichen Reservefonds nothwendig geworden ist, sind die einschlagenden Fragen auf dem Genossenschaftstage zu Königsberg 1890 erörtert und jetzt auf dem vorjährigen Genossenschaftstage in Gotha, gemäß der Grundlehren Schulze-Delitzsch's, durch eine Resolution fixirt worden. Dr. Glackemeyer kann also ein besonderes Verdienst in Betreff der Klärung dieser Fragen nicht in Anspruch nehmen. Er will seine Ansicht als einen Beweis hinstellen, daß „darin kein Abfall von den Lehren unseres Schulze sei." Aber in dieser Beziehung ist ihm ein Vorwurf gar nicht gemacht worden.

4. Geschäftsberichte: Giroverbindlichkeiten, Effektenbestand, unklare Umsatzberechnung.

Während Dr. Glackemeyer andere Grundlehren Schulze's, deren Bekämpfung ich ihm zum Vorwurf machte, namentlich betreffend Vorstand,

Aufsichtsrath, Generalversammlung und deren Rechte und Pflichten, nicht erwähnt, bespricht er in einigen abfälligen Sätzen Vorwürfe, die kaum der Rede werth seien und die sich auf die Geschäftsberichte beziehen.

Eine wichtige Grundlehre von Schulze-Delitzsch ist, daß die Genossenschaften ihren Mitgliedern gegenüber zur größten Offenheit in der Darlegung ihrer Geschäftsgebahrungen verpflichtet seien; jedes Mitglied müsse sich selbst aus den Geschäftsberichten überzeugen können, wie die Verhältnisse im Verein liegen. In meiner Schrift und in dem Aufsatze über die Geschäftsberichte (S. 47 ff.) ist die Entstehung und Bedeutung des sogenannten Stuttgarter Schema erörtert. Dem Tabellenformular des Anwalts angepaßt, sollte es nur das Nöthigste enthalten, was jeder Verein, und sei es der kleinste, in seiner Geschäftsübersicht mit Bilanz und Gewinn- und Verlustkonto bekannt machen muß. Ich hatte nachgewiesen, daß man aus den Geschäftsberichten der Credit-Bank zu Hannover über die Geschäftsgebahrung derselben weit weniger erfährt, als man von jedem Verein, der blos die Tabellen der Jahresberichte des Anwalts regelmäßig und vollständig ausfüllt, aus diesen erfährt.

Der später erstattete Geschäftsbericht der Credit-Bank für 1894 ist erfreulicherweise von zwei zu sieben Druckseiten angewachsen. Aber er enthält nur einen Theil der Minimalerfordernisse des Stuttgarter Schemas und genügt keineswegs Schulze-Delitzsch's Forderung der größten Offenheit in Darlegung der Verhältnisse des Vereins den Mitgliedern gegenüber. Auch stellt sich bei einer Vergleichung dieses mit früheren Geschäftsberichten heraus, daß eine verschiedene Behandlung der Geschäftsübersicht durchaus nicht zur Klarlegung beiträgt. Früher war eine Kassenübersicht abgedruckt und dann als Gesammtumsatz die Summen der Einnahmen und Ausgaben (für 1893 **31 850 602 Mk.**) angegeben. Für 1894 ist statt der Kassenübersicht eine Geschäftsübersicht abgedruckt, sie enthält die Endsummen anscheinend sämmtlicher Hauptbuchkonten, darunter Gewinn- und Verlustkonto, Bilanzkonto und das Kassa-Konto (im Debet 16 879 102 Mk., im Kredit 16 746 455 Mk.) und schließt auf jeder der beiden Seiten mit **40 591 941 Mk.** ab. Diesen Betrag der einen Seite giebt nun Dr. Glackemeyer als Gesammtumsatz an. Ohne die völlige Aenderung der Methode irgend zu erläutern und ohne aufzuklären, was er unter Gesammtumsatz versteht, prahlt er dann, daß der Gesammtumsatz der Credit-Bank in dem einen Jahre um 8 Millionen Mark (von 31 850 602 auf 40 591 941 Mk.) gestiegen sei. Dieses Verfahren läuft auf Verdunkelung hinaus und ist das Gegentheil von dem, was Schulze-Delitzsch forderte.

Kaum der Rede werth sei — so schreibt Dr. Glackemeyer — der Vorwurf, daß die Credit-Bank im Jahresbericht ihre Giroverbindlichkeiten nicht mitgetheilt. Diese seien durchweg „so minimal" — was wollen „bei einem Umsatz von 37 Millionen Mark 50 bis höchstens 100 000 Mk. Giroverbindlichkeiten sagen — daß sie nicht die Belastung erschwerten". Nicht der Umsatz, sondern das eigne Vermögen, insbesondere die Reserven sollten das Vergleichsobjekt für die Höhe der Giroverbindlichkeiten bilden. Je „minimaler" deren Betrag, desto weniger Ursache ist vorhanden, die Mittheilung zu unterlassen. Uebrigens sind für eine Kreditgenossenschaft mit nur 365 032 Mk. eigenem Vermögen (darunter

183 711 Mk. Reserven) 100 000 Mk. Giroverbindlichkeiten durchaus nicht als minimal zu bezeichnen, vielmehr ziemlich hoch. Immerhin ist es erfreulich, daß die Credit-Bank sich zum ersten Male herbeiläßt, in ihrem Geschäftsbericht etwas über die Höhe der Giroverbindlichkeiten mitzutheilen. Vermißt man in dem Geschäftsbericht auch sonst vielerlei Wissenswerthes — z. B. die Zahl der Posten der Darlehen gegen Schuldschein und gegen Lombard, die Zahl der Konten der laufenden Rechnung, die Höhe des Zinsfußes bei den verschiedenen Arten der Darlehnsgewährung u. s. w. — so findet man doch die Mittheilung, daß die Giroverbindlichkeiten der Credit-Bank Ende des Jahres „nur 70 000 Mk.“ betrugen. Warum nicht der genaue Betrag, sondern nur eine runde Summe angegeben wurde, ist nicht zu ersehen.

Kaum der Rede werth sei, erklärt ferner Dr. Glackemeyer, daß die Credit-Bank ihre Werthpapiere im Jahresberichte nicht angegeben habe. Schulze-Delitzsch forderte, daß man dem Beschlusse des Bremer Genossenschaftstages von 1874 nachkomme, wonach die Vereine „die in ihrem Besitz befindlichen Werthpapiere in den jährlich zu veröffentlichenden Abschlüssen spezifizirt mit Angabe des Buchwerthes aufnehmen“ sollten. Dr. Glackemeyer entschuldigt die Unterlassung mit der prahlerischen Versicherung, die Credit-Bank habe stets nur „erste Sicherheiten in Papieren“ erworben; der Generalversammlung sei von der Anlage stets mündlich Mittheilung gemacht, damit seien die Versammlungen vollständig zufrieden gewesen, „fremden Menschen aber ist die Bank die Angabe von Details nicht schuldig“.

Die jetzige Versicherung über das frühere Verfahren der Bank bedeutet nichts; eine nachträgliche Prüfung ist unmöglich. Schulze-Delitzsch fordert die Veröffentlichung nicht im Interesse „fremder Menschen“, sondern die Mitglieder sollten es schwarz auf weiß erfahren, welche Werthpapiere der Verein besitze, sie sollten sich bei der Rechnungslegung überzeugen können, „daß die Verwaltung nicht etwa unsolide oder werthlose Papiere gekauft und sich auf das Gebiet der Effektenspekulation begeben hat“. Eine mündliche Mittheilung erst in der Generalversammlung, von der die nicht anwesenden Mitglieder nichts erfahren, ist ungenügend.

Immerhin hat der Vorwurf, auch hier Schulze's Mahnungen nicht befolgt zu haben, bei der Credit-Bank eine Wirkung nicht ganz verfehlt. Denn in dem Geschäftsberichte derselben für 1894 befindet sich die Angabe, daß die Bank Ende 1894 eigene Papiere zum Nominalwerthe von 674351 M. und zum Kurswerthe einschließlich Stückzinsen von 699,276 M. besitze; sodann sind die Papiere zwar nicht eigentlich spezifizirt, aber doch ohne Angabe des Zinsfußes gruppenweise nach dem Nominalwerth aufgeführt.

Was nun zunächst den Betrag des in eigenen Papieren angelegten Betriebsfonds anlangt, so ist derselbe verhältnißmäßig höher, als sonst üblich, nicht bloß wenn man ihn mit dem eigenen Vermögen vergleicht, sondern auch im Vergleich zum ganzen Betriebsfonds. Es betrugen die eigenen Papiere Ende 1894 z. B. bei den nachfolgend genannten Kreditgenossenschaften

	pCt. des eigenen Vermögens	pCt. des Betriebsfonds
Insterburger Vorschußverein	11,4	5,2
Kreuznacher Volksbank	11,8	2,6

	pCt. des eigenen Vermögens	pCt. des Betriebsfonds
Speyerer Volksbank	20,8	11,0
Vorschußverein Guben	24,4	10,4
Bockenheimer Volksbank	30,5	6,2
Vorschußvereinsbank Hannover	59,1	15,7
Credit-Bank Hannover	**190,0**	**17,2**

Daß die Werthpapiere der Kredit-Bank das eigene Vermögen derselben fast um das Doppelte übersteigen, ist keine erfreuliche, zur Nachahmung geeignete Thatsache.

Die ungenügende Spezifizirung der Papiere entspricht ebenfalls nicht den Grundsätzen und Ansichten Schulze-Delitzsch'. Denn unter den Effekten der Credit-Bank werden aufgezählt u. a.: „36000 M. deutsche Staatsanleihen, 56500 M. andere (nichtpreußische) deutsche Staatsanleihen, 60800 M. preußische Kreis-Obligationen."

Diese Angaben sind ungenügend; die Mitglieder haben das Recht, nähere Angaben zu fordern; um die Thätigkeit der Verwaltung beurtheilen zu können, müßten sie erfahren, die Anleihen welcher deutschen Städte, welcher deutschen Staaten, die Obligationen welcher preußischen Kreise im Besitz der Credit-Bank sind und wie sich diese Papiere verzinsen — denn unter diesen Arten Anleihen und Obligationen kommen große Verschiedenheiten vor.

Dieselben und noch andere Bedenken werden hervorgerufen durch die Aufführung von „25800 M. Schwedischer und Norwegischer Hypotheken-Bank-Pfandbriefe, 8000 M. fremder Staatsanleihen, 28565 M. diverser Obligationen." Eignen sich diese Papiere, von denen die Mitglieder Näheres nicht erfahren, zum Ankauf einer Kreditgenossenschaft? — Die Frage zu stellen erscheint um so gerechtfertigter, als nach der Mittheilung der ungenügend spezifizirten Werthpapiere folgender prahlerische Satz mit Fettdruck der letzten sechs Worte zu lesen ist: „Die Credit-Bank hat von jeher das Prinzip befolgt, für den eigenen Besitz nur Papiere ersten Ranges zu kaufen, wobei sie weniger auf den Bezug hoher Zinsen und auf Kursgewinne, als auf die absolute Bonität der Papiere sah. So sollten alle Kreditvereine Deutschlands handeln."

Dieser Prahlerei steht die Thatsache gegenüber, daß die meisten Creditvereine, welche eigene Papiere besitzen, keinesfalls alle von der Credit-Bank besessenen Papiere für Papiere ersten Ranges ansehen, vielmehr einen Theil derselben für Papiere, die überhaupt nicht von Genossenschaften gekauft werden sollten, — somit sorgfältiger als die Credit-Bank in Hannover verfahren.

III.

Der Kampf gegen die Organisation.

1. Allgemeines.

In der Glackemeyer'schen Schrift ist, abgesehen von einigen Verdächtigungen meiner Person, sachlich Neues kaum zu finden. Es scheint, als ob die Hoffnung, Schulze-Delitzsch's Organisation zu zerstören oder wenigstens zu erschüttern, ziemlich geschwunden ist. Jahre lang hatte Dr. Glackemeyer sich bemüht, nachzuweisen, die von Schulze-Delitzsch als oberstes Prinzip seiner Organisation hingestellte Vereinigung der verschiedenen Arten Genossenschaften — insbesondere Kredit- und Konsumvereine und Rohstoffassoziationen in demselben allgemeinen Verbande, sei schädlich und unhaltbar. Es war vergeblich. Jetzt entdeckt er einen Erfolg: Der auf dem vorjährigen Genossenschaftstage in Gotha verhandelte, aber abgelehnte Antrag des süddeutschen Konsumvereinsverbandes, auf dem nächsten Genossenschaftstage versuchsweise über die besonderen Angelegenheiten der Kreditvereine, der Konsumvereine und anderer Arten Genossenschaften gleichzeitig in besonderen Räumen zu verhandeln, sei ein Schritt auf dem Wege zu jener Trennung.

Keineswegs. Die Art der Berathung der einzelnen Fragen auf dem gemeinsamen Genossenschaftswege ist lediglich Sache der Geschäftsordnung. Aehnlich wie der Verband süddeutscher Konsumvereine vorschlug, wird auf den Verbandstagen des allgemeinen Verbandes der landwirthschaftlichen Genossenschaften des deutschen Reiches verfahren; gleichzeitig berathen in gesonderten Räumen je eine Sektion der landwirthschaftlichen Kreditvereine, der landwirthschaftlichen Konsumvereine, der Molkereigenossenschaften. Niemand fällt es ein, in dieser Verhandlungsweise einen ersten Schritt zu einer Trennung zu sehen.

2. Die freie Vereinigung der deutschen Kreditgenossenschaften.

Der Versuch, den allgemeinen Verband, d. h. Schulze-Delitzsch's Organisation, durch Gründung der „freien Vereinigung deutscher Kreditgenossenschaften" zu sprengen, ist mißlungen. Die Einladung zum 12. bis 14. August 1893 nach Hannover, wo zur „einzigen Lösung der unnatürlichen Verbindung der „Konsum- und Kreditvereine" sich die Kreditvereine Deutschlands zu einer freien Vereinigung zusammenschließen sollten, war erfolgt durch den bekannten Aufruf an die Kreditgenossenschaften Deutschlands. Ich nahm an, dieser Aufruf, den die Kreditgenossenschaften, in 201 deutschen Orten erlassen haben sollten, könne keinesfalls von 201 Kreditgenossenschaften unterzeichnet sein. Meine Annahme hat sich bestätigt. Dr. Glackemeyer räumt jetzt ein, daß eine Unterzeichnung des Aufrufs *nicht* erfolgt ist. Er nennt noch heute nicht die Namen der Vereine, die er als Einladende bezeichnet. Er behauptet, „rund 300" Kreditvereine hätten der *Idee*, eine freie Vereinigung der Kreditvereine Deutschlands ins Leben zu rufen, durch Unterzeichnung einer Postkarte zugestimmt. Allen diesen, rund 300 Vereinen, will er den *Entwurf* einer Einladung nach Hannover „zur *Begutachtung* und Zustimmung" zugesandt und sie gebeten haben, die Unterzeichnung in der Form „Kreditgenossenschaften in . . ." zu gestatten; er hat damit die Ankündigung verbunden, es werde angenommen werden, daß der Verein der Bitte zustimme, sofern nicht von ihm in 14 Tagen gegentheilige Nachricht eingehe. Eine Anzahl Vereine — welche und wie viele erfährt man nicht, doch müssen es „rund 100" von den „rund 300" gewesen sein, protestirten. Andere Vereine — welche und wie viele erfährt man wieder nicht, stimmten zu und die übrigen *schwiegen*. Eine völlige Uebereinstimmung des zur Begutachtung übersandten Entwurfs mit dem nachher veröffentlichten Aufruf wird nicht behauptet und hat keinesfalls stattgefunden.

So entstand der Aufruf. Nun die Wirkung: Der gedruckte „Bericht" über die Augustversammlung 1893 bringt keine Präsenzliste der in Hannover erschienenen Vertreter deutscher Kreditgenossenschaften; auch später ist kein veröffentlicht. 217 „Delegirte" ohne die Stadthannoveraner seien dagewesen — aus wie vielen und aus welchen Orten und als Vertreter welcher Kreditgenossenschaften bleibt unbekannt. Einstimmig wurde am 12. August 1893 das Statut der freien Vereinigung der deutschen Kreditgenossenschaften genehmigt und diese konstituirt.

Seitdem sind $1^{2}/_{3}$ Jahre verflossen. Welche der großen Zwecke in § 1 des Statuts sind erreicht oder wenigstens angebahnt? Dr. Glackemeyer wird die Gründung der Zentral-Genossenschaftskasse für Niedersachsen kaum als einen Erfolg der freien Vereinigung erklären: sie war ja schon fertig — künftige Geschäftsberichte dieser Genossenschaft können, wenn sie nach Schulze-Delitzsch' Grundsätzen mit größter Offenheit in Darlegung ihrer Geschäftsgebahrung verfährt, ihre Leistungen darthun. Vielleicht wird Dr. Glackemeyer zwei von ihm verfaßte kleine Schriften als „populäre Handbücher" geltend machen wollen — trotz des recht dürftigen Inhalts. Aber das ist auch alles.

Was ist z. B. geschehen „zur Erreichung ideal-genossenschaftlicher Ziele"? zur „reformatorischen Einwirkung auf die die Kreditgenossenschaften berührenden Gesetze" (Genossenschaftsgesetz, Konkursordnung, Handelsgesetzbuch, Civilprozeßordnung, Wechselordnung)? zur „Errichtung von Revisionsverbänden"? zur „Gründung neuer Kreditgenossenschaften"? zur „Schaffung realer Institutionen zum Besten der Kreditgenossenschaften und ihrer Leiter" (Kautionsversicherungskasse, Stipendienfonds, Prämienkasse, Sterbekasse)? u. s. w. u. s. w. Das zum Organ der freien Vereinigung erklärte Fachblatt „Der Creditverein" hat nichts davon verrathen. Aber was noch mehr befremden muß, bisher hat es noch keine Sylbe darüber mitgetheilt, wie viele und welche deutsche Kreditgenossenschaften dieser freien Vereinigung beigetreten sind. In diesem Sommer muß nach den Beschlüssen von 1893 eine zweite Versammlung der freien Vereinigung, möglichst in einem Orte Mitteldeutschlands, stattfinden. Vielleicht erfährt man dann etwas Näheres über die freie Vereinigung, vielleicht ist dann Dr. Glackemeyer schon mehr zu der Ueberzeugung gekommen, daß Geheimnißkrämerei in Genossenschaftsangelegenheiten allemal schädlich ist.*)

3. Persönliche Anzapfungen.

Meine Absicht, alte und neue Verdächtigungen meiner Person gänzlich mit Stillschweigen zu übergehen, kann ich, wie ich mich überzeugen

*) Seitdem dies geschrieben ist, wird wiederum zu einer Versammlung aller Kreditgenossenschaften Deutschlands „jedes Namens und jedes Systems" nach Hannover zum 10., 11. und 12. August eingeladen. „Der Vorstand der Freien Vereinigung der deutschen Kreditgenossenschaften" (Dr. Glackemeyer nebst 13 anderen Unterschriften) sendet an viele Kreditgenossenschaften ein Rundschreiben mit einem Aufruf. Im Rundschreiben heißt es: „Im Jahre 1893 hatten durch Mitunterzeichnung (!!) des Aufrufs 215 Kreditgenossenschaften das wärmste Interesse an der guten Sache bekundet. Deshalb werden auch Sie bereit sein, den diesmaligen Aufruf mit zu erlassen. Die Unterzeichnung des Aufrufs würde der Kürze wegen genau so erfolgen wie im Jahre 1893 und so lauten: Kreditgenossenschaften in ......
(folgen die Namen der Orte in alphabetischer Reihe).
Zur Vermeidung vieler Schreiberei und Ersparung von Kosten nehmen wir an, daß Ihr Verein unserer Bitte zustimmt, sofern nicht bis zum 20. Mai gegen-

muß, schon deshalb nicht vollständig aufrecht erhalten, weil unwahre Angriffe auf meine genossenschaftliche Thätigkeit verquickt sind mit gewissen zur Bekämpfung der Organisation Schulze's aufrecht erhaltenen und noch gesteigerten unwahren Verdächtigungen der Finanzverwaltung des allgemeinen Verbandes.

Als ich Dr. Glackemeyer's Kampf gegen Schulze-Delitzsch's Grundlehren und Organisation zu schildern übernahm und dabei den zahlreichen unwahren Beschuldigungen und Verdächtigungen vieler Männer, die seit langen Jahren Schulze's Organisation ihre Kräfte widmeten, entgegenzutreten hatte, wußte ich im voraus, was ich für meine Person von meinem Gegner zu erwarten hatte. Meine Erwartungen sind aber in einer Beziehung noch übertroffen, insofern manche seiner Angriffe in der That ein scherzhaftes Aussehen haben.

a) Dr. Glackemeyer zapft mich sogar — als Romanschreiber an. Er hat zufällig etwas von einem meiner Romane erfahren, von einem Romane, den ich während des Krieges von 1870/71 geschrieben habe. Er will sogar versucht haben, ihn zu lesen und darin Gedichte von mir entdeckt haben, von denen ich nichts weiß. Wegen der fürchterlichen Langweiligkeit des Inhalts hat er die Lektüre des dreibändigen Romans, der ein Schlafmittel bester Wirkung sei, nicht beendigen können. Wie weit er darin gekommen sei, sagt er nicht. Nun ich kann ihm nachweisen, daß, wenn er den Roman wirklich in der Hand gehabt hat, er schon nach den ersten zwei Worten des Titels eingeschlafen sein muß. Denn obschon er den Titel mehrmals mit Anführungszeichen (Gänsefüßchen) angiebt, ist doch schon das dritte Wort unrichtig!

b) Dr. Glackemeyer verkündet seinen Lesern, daß ich mich früher „in der hochangesehenen Stellung" eines Kreisrichters befunden habe, die ich heute nicht mehr innehabe. Das stimmt. Ich war einige Jahre, bis gegen Ende 1864 Kreisrichter und bin es seit 30 Jahren nicht mehr. Hat sich Dr. Glackemeyer bei dieser Anzapfung nicht erinnert, daß zufälligerweise Schulze-Delitzsch, dessen Freundschaft und Anerkennung ich mich seit 1860 bis zu seinem Tode erfreute, einige Zeit, bis Oktober 1851, sich „in der hochangesehenen Stellung" eines Kreisrichters befunden hat, aber die übrigen 32 Jahre seines Lebens dieser wie jeder anderen amtlichen Stellung entbehrte? Also in recht guter Gesellschaft befinde ich mich in dieser Beziehung.

c) „Zum Senator" — schreibt Dr. Glackemeyer — „hat es Herr Parisius niemals gebracht, obwohl er schon in verschiedenen Städten gewohnt hat." Das stimmt. Senatoren giebt es zwar in Berlin und Charlottenburg nicht, aber doch unbesoldete Rathsherren oder Stadträthe, die zwar nicht auf Lebenszeit, aber doch auf 6 Jahre gewählt werden. In beiden Städten erfordert dieser Ehrenposten, zur pflichtmäßigen Ausfüllung, so viel Arbeit, daß, abgesehen von Rentnern nur eine ge-

---

theilige Nachricht bei der Credit-Bank zu Hannover eingeht. Sollte es diesem oder jenem Verein auch dieses Mal zu unserm lebhaften Bedauern der Besuch der Versammlung in Hannover im August d. J. nicht möglich sein, so wird er aber doch gestatten, ihn [?] mit unter dem Aufruf anführen zu dürfen. Je mehr Namen [von Orten ?] unter dem Aufruf stehen, ein um so größeres Gewicht übt derselbe aus zur Förderung der guten Sache."

ringe Zahl Bürger die Zeit dafür erübrigen können. Dr. Glackemeyer rühmt sich dagegen seines Postens als Senator, es sei „der höchste Ehrenposten, den die Bürgerschaft zu vergeben hat, die Ehre ist um so höher, als die Wahl auf Lebenszeit geschieht". — Ohne der Ehre der Senatoren in den Städten der Provinz Hannover nahe treten zu wollen, glaube ich ohne Widerspruch behaupten zu dürfen, daß die Wahl auf Lebenszeit und die Art der Wahl, die dort nicht durch die Stadtverordneten (Bürgervorsteher), sondern durch die vorhandenen Magistratsmitglieder und eine gleiche Zahl Bürgervorsteher erfolgt, durchaus nicht nöthigen, den Senatoren der Provinz Hannover eine höhere Ehre zuzusprechen, als den Stadträthen der östlichen Provinzen Preußens. In diesen ist bekanntlich durch die vielgerühmte Stein'sche Städteordnung von 1808 die Wahl der Magistratsmitglieder durch die Stadtverordneten, der Bürgermeister und besoldeten Stadträthe auf 12 Jahre, der unbesoldeten Stadträthe auf 6 Jahre eingeführt, nachdem das mittelalterliche Recht der Magistrate, sich selbst zu ergänzen schon in früheren Jahrhunderten abgeschafft war. In Preußen giebt es keine politische Partei, die einer Uebertragung jener Bestimmungen der hannoverschen Städteordnung auf andere Landestheile zustimmen würde.

Das Schicksal, es nicht einmal zu dem Ehrenposten eines Stadtraths gebracht zu haben, theile ich mit vielen hervorragenden Männern, namentlich auch mit Schulze-Delitzsch, der seit 1856 in Delitzsch und später in Potsdam zum Magistratsmitgliede gewählt werden konnte, aber niemals vorgeschlagen ist.

d) Dr. Glackemeyer glaubt mir auch, wegen andere Ehrenposten über zu sein. Ich bin, nachdem ich von 1861 bis 1866 Abgeordneter meines heimischen Wahlkreises gewesen war, zum ersten Male 1867 zum Abgeordneten des ersten Berliner Wahlkreises gewählt, in welchem die Schlösser des Königs und der königlichen Familie, die Parlamentshäuser, die Amtshäuser aller höchsten Reichs- und Staatsbehörden und alle Gesandtschaftshotels liegen. Seitdem bin ich dort bis jetzt stets wiedergewählt, alle neunmal ohne Stichwahl mit großer Mehrheit der Wahlmänner, deren Zahl mit dem Wachsthume der Stadt von 584 bis 1207 wuchs, sich also mehr als verdoppelte. Darf ich nicht stolz auf diese Ehre sein? Der lebenslängliche Senator aber weiß anzuführen, daß mich 1893 „meine eigene Partei" nicht wieder als Kandidaten habe „aufstellen wollen". Er dünkt sich ein ganz anderer Mann zu sein. Zwar saß er niemals im Abgeordnetenhause, ist auch niemals als Kandidat zum Abgeordnetenhause aufgestellt. Aber er kann sich rühmen, in seinem heimischen Kreise 1893 „von der stärksten Partei aufgefordert zu sein, für das Abgeordnetenhaus zu kandidiren".

e) Dr. Glackemeyer und ich sind beide juristische Schriftsteller. Ich habe u. a. über das preußische Genossenschaftsgesetz von 1867 und die deutschen Genossenschaftsgesetze von 1868 und 1889 juristische Kommentare herausgegeben, die von Sachverständigen günstig beurtheilt und in den Erkenntnissen höchster Gerichtshöfe — des früheren preußischen Obertribunals, des deutschen Oberhandelsgerichts und des Reichsgerichts — öfter zitirt wurden. Dr. Glackemeyer liebt es, über die in der Genossenschaftsbewegung thätigen gelernten Juristen zu spotten; aber er ist stolz darauf, drei juristische Bücher verfaßt zu haben. Ueber eins derselben, sein A-B-C-Buch habe ich eine „abfällige" Beurtheilung veröffentlicht: Er hält es nicht für angezeigt, auf dieselbe näher einzugehen. Er begnügt sich damit, von den 24 Verstößen, die ich als Beispiele aufführte, zu sagen, daß sie sich als Wortklauberei, als Sylbenstecherei erwiesen. Jedenfalls ist er sich bewußt, mir als Jurist weit überlegen zu sein. Da ich darauf verzichtet habe, seine beiden Wechselbücher einer Kritik zu unterziehen, erklärt er, die Trauben hingen mir zu hoch; das Wechselrecht sei eine der schwierigsten juristischen Materien; an diese wagte ich mich nicht mehr heran. Ich habe gegen das Selbstbewußtsein des großen Rechtsgelehrten nichts einzuwenden.

f) Dr. Glackemeyer beliebt es jetzt — 1895 in seiner Schrift wahrheitswidrig von Aeußerungen zu erzählen, die ich in Sitzungen des engeren Ausschusses in Plauen 1887 und in Freiburg 1890 gethan haben soll, von Aeußerungen, die ich nicht gethan habe, und von denen er so viele Jahre geschwiegen hat. Ich will ihm dies Vergnügen lassen. Allein von einer Anzapfung hatte ich allerdings gehofft, daß er Anstand nehmen würde, sie zu wiederholen, oder — um mich seiner Ausdrucksweise zu bedienen, daß ihm dieses Kampfmittel nicht mehr „faire" erscheinen würde. Ich meine die Anzapfung ob meiner finanziellen Stellung zum allgemeinen Verbande. Seite 104 meiner Schrift hatte ich gesagt, daß Dr. Glackemeyer, seit er 1888 sich sein eigenes Organ geschaffen, dasselbe benutze, fast in jeder Nummer, oft unter grober Entstellung der Wahrheit, mich zu verdächtigen.

„Seine Hauptstärke ist, daß er wiederholentlich mich als besoldeten Beamten des allgemeinen Verbandes, als unfreien Gehülfen des Anwalts, als „um sein Brod", um „seine Existenz" Kämpfenden bezeichnet. Er weiß, wenn nicht sonst, so aus den Verhandlungen des engeren Ausschusses und des Genossenschaftstages über Rechnungslegung und Etataufstellung sehr genau, daß ich niemals Beamter des Verbandes oder der Anwaltschaft gewesen bin, daß ich niemals irgend ein Gehalt aus der Kasse des allgemeinen Verbandes erbat oder in Empfang nahm, und nur für die in Vertretung des Anwaltes auf dessen Ersuchen gemachten Reisen, zu denen ich durch die auf Schulze-Delitzsch's Antrag gefaßten Beschlüsse der Genossenschaftstage zu Stettin (1865) und Neustadt a. d. Hardt (1869) legitimirt bin, diesen Beschlüssen gemäß die gleichen Tagegelder wie die Verbandsdirektoren und mäßige Versäumnißkosten erhalten. Welche Auffassung von Anstand und guter Sitte, von Wahrheit und Ehrenhaftigkeit muß Dr. Glackemeyer besitzen, um es fertig zu bekommen, nachdem ich seit 1865, also seit 29 Jahren, der Genossenschaftssache in ganz gleicher Weise öffentlich diene, Jahr aus Jahr ein seinen Lesern über mich solche Unwahrheiten aufzutischen, von denen er meint, daß sie mich in deren Augen herabsetzen."

So schrieb ich Anfang vorigen Jahres. In seiner jetzigen Schrift wiederholt Dr. Glackemeyer wohl ein halbes Dutzend mal die gleichen Verdächtigungen!

Zur Klarstellung will ich nur zweierlei erwähnen, einmal daß Schulze-Delitzsch auf dem von mir nicht besuchten Genossenschaftstage von 1869 (wie in den Mittheilungen nachzulesen ist) erklärte, der allgemeine Verband habe die Verpflichtung, mir, da ich ja nicht vom Verbande besoldet worden, eine Entschädigung für die Versäumniß zu zahlen, die mir aus dem Besuche der Verbandstage erwachse, und daß die dafür von Schulze-Delitzsch und dem engeren Ausschuß beantragte und vom Genossenschaftstage genehmigte Entschädigung auf sechs Thaler für jeden Tag festgesetzt worden ist. Zweitens, daß die Entschädigung z. B. für 1894 erheblich weniger betrug, als jedes Aufsichtsrathsmitglied der Credit-Bank zu Hannover für 1894 als Entschädigung erhielt. Wäre es nicht als verächtlich zu bezeichnen, wollte jemand ein Aufsichtsrathsmitglied der Credit-Bank zu Hannover oder irgend einer anderen Kreditgenossenschaft beschuldigen, daß es wegen der Entschädigung seine Thätigkeit nicht nach Pflicht und Schuldigkeit, sondern nach den Wünschen des Vorstandes einrichte?

4. Unwahre Verdächtigung der Finanzverwaltung des allgemeinen Verbandes.

Den Hauptangriff gegen Schulze-Delitzsch' Organisation bildet für Dr. Glackemeyer nach wie vor — der Kostenpunkt; die Kreditvereine wollten nicht mehr beim allgemeinen Verbande bleiben, weil es ihnen zu theuer komme.

Die Jahresbeiträge zum niedersächsischen Verbande betragen nach dem Verbandsberichte für jeden Kreditverein $1\frac{1}{2}$, schreibe anderthalb Prozent des Reingewinnes, mit einem Mindestbetrage von 20 M. und einem Höchstbetrage von 120 M. Zur „Freien Vereinigung" betragen die Jahresbeiträge nach dem Beschlusse von 1893 mindestens 10 M., die Vereine können sich aber höher einschätzen.

Der Jahresbeitrag zum allgemeinen Verbande betrug schon zu Schulze's Zeiten für Kreditvereine 1 pCt. des Reingewinnes mit dem Mindestbetrage von 10 M. Der Höchstbetrag war früher 60 M. und ist seit 1890 100 M. Im Jahre 1894 ist aber der Jahresbeitrag der Kreditvereine um $\frac{1}{5}$ ermäßigt, beträgt also nur noch $\frac{4}{5}$, schreibe vier Fünftel des Reingewinnes.

Dr. Glackemeyer wiederholt auch in seiner neuesten Schrift die alten Redensarten: Die Verwaltung verbrauche jährlich 50—60000 M. oder gar „Das Bureau koste jährlich 50—60000 M. und habe daran noch nicht genug" und dergleichen.

In Wahrheit wurden im allgemeinen Verbande nach der öffentlich gelegten, geprüften und dechargirten Rechnung für 1893 eingenommenen 63565 M. (Voranschlag 58085 M.), ausgegeben 49563 M. (Voranschlag 54100 M.). Der Bestand (Reservefonds) betrug am 1. Januar 1894 29884 M. Für Gehälter (Anwalt, zwei Sekretäre und ein Kanzlist) wurden ausgegeben 21416 M.; es betrugen die ganzen Bureaukosten einschließlich der Gehälter 25154 M. Die Unterverbände des allgemeinen Verbandes sind bestrebt, es der von Schulze-Delitzsch beim allgemeinen Verbande eingeführten Ordnung der Finanzverwaltung gleichzuthun: Ueber Voranschlag und spezielle Rechnung wird auf dem Verbandstage verhandelt; sie werden mit dem Verbandsbericht gedruckt, so daß jede Genossenschaft imstande ist, genau zu prüfen, wofür die Einnahmen verwandt sind. Dr. Glackemeyer wäre zu rathen, bei seinen Verbänden die gleiche Klarlegung der Finanzen einzuführen. Bis jetzt ist bei ihm auf keinem Verbandstage über einen Voranschlag berathen. Die Rechnung wird dem niedersächsischen Verbandstage vorgelegt und geprüft. Aber gedruckte Berichte lassen im Dunkel, wofür die Ausgaben gemacht sind. Im gedruckten Bericht ist höchstens zu lesen: „Einnahme . . . M., Ausgabe . . . M., folglich Bestand . . . M."

Dr. Glackemeyer versucht nun aber in absonderlicher Weise glauben zu machen, daß im allgemeinen Verbande das Geld ungebührlich verwendet werde. Zum Schluß meiner Replik muß ich seine jetzige unwahre Verdächtigung der Finanzverwaltung des allgemeinen Verbandes niedriger hängen.

Zu den Obliegenheiten des Anwalts, wie sie von Schulze-Delitzsch 20 Jahre und seinem Nachfolger seit 12 Jahren geübt sind, gehört auch die von Schulze-Delitzsch als nothwendig erklärte Theilnahme an den Verhandlungen der Unterverbandstage in Person oder durch einen Vertreter. Dr. Glackemeyer stellt es nun jetzt wie früher dar, als wenn es sich bei diesem Besuch nur um „juristischen Beirath" handle.*) Jetzt schreibt er wörtlich Folgendes (S. 84):

„Wie viel kostet der aus Berlin bezogene juristische Beirath? Das sagt Herr Parisius selbst auf Seite 104 und 125 seiner Schmähschrift:

1. Ab- und Zufahrt nach der Bahn.
2. Zweite Klasse Fahrgeld auf der Bahn.
3. Tagegelder wie die Verbandsdirektoren pro Tag 15 M.
4. Versäumnißkosten dafür, daß sie während der Reise nicht zu Hause schriftstellern konnten.

Ist dieser Rath so viel Geld werth? Nimmermehr! Derselbe schadet oft mehr als er nützt" . . .

Ich muß darauf erklären:

Es ist vollständig erfunden, daß ich Seite 104 und 125 meiner Schrift so etwas gesagt habe. Die Stelle Seite 104 habe ich vorher wörtlich wiedergegeben, Seite 124 steht ebenfalls nichts weiter, als daß ich nach den Beschlüssen des Neustädter Genossenschaftstages „auf meinen Reisen für die Anwaltschaft außer den Reisekosten dieselben Tagegelder wie die Verbandsdirektoren und dazu noch, da ich während jener Tage an meinem regelmäßigen Erwerb durch Schriftstellerei verhindert bin, hierfür noch mäßige Versäumnißkosten erhalte.

Aber weiter: zu 1. und 2. Ich habe kein Wort von Ab- und Zufahrt nach der Bahn und Fahrgeld II. Klasse gesagt; allerdings hat Dr. Glackemeyer als Verbandsdirektor ebenso wie ich bei den Reisen für den allgemeinen Verband aus dessen Kassen diese Kosten ersetzt erhalten.

Zu 3. Dr. Glackemeyer hat aus der Kasse des allgemeinen Verbandes, wie er doch wissen sollte, niemals 15 M., sondern stets nur 12 M. Tagegelder erhalten. Auf dem Genossenschaftstage zu Quedlinburg (September 1867) wurde auf Antrag des engeren Ausschusses ein Diätensatz von 5 Thalern beschlossen. Dieser Satz erschien dem Anwalt Schulze-Delitzsch zu hoch; er veranlaßte 1869 die Herabsetzung auf vier Thaler.**) Dieser Satz ist seit 1869 für alle Reisen, für die die Kasse des allgemeinen Verbandes eine Vergütung ersetzt, beibehalten.

Zu 4. stellt Dr. Glackemeyer es dar, als ob auch die vom allgemeinen Verbande besoldeten, aus der Kasse des allgemeinen Verbandes ihr Gehalt

*) Dr. Schneider, der jetzige Reichstagsabgeordnete für Nordhausen, früher erster Sekretär der Anwaltschaft, der 15 Jahre neben mir Schulze-Delitzsch auf den Verbandstagen vertreten hat, ist gar nicht Jurist.

**) Er sagte in Neustadt a. H. (S. 67 der Mittheilungen): „Die früher von Ihnen bewilligten Diäten von 5 Thlr. waren zu hoch gegriffen, ich habe deshalb in Uebereinstimmung mit meinen Vertretern schon für dieses Jahr nur 4 Thlr. berechnet. Der engere Ausschuß hat mit dem Ihnen vorgelegten Antrag diese Diäten auch für die Folge als ausreichend anerkannt."

beziehenden Beamten desselben, also der Anwalt Schulze-Delitzsch (von 1868 bis 1882) und als sein Vertreter von 1868 bis 1883 Dr. Schneider, damals 1. Sekretär der Anwaltschaft, dann seit 1884 der Anwalt Schenck und seit 1887 Dr. Crüger, 1. Sekretär der Anwaltschaft für ihre Reisen zu den Unterverbandstagen, dafür daß sie während der Reisen nicht zu Hause schriftstellern konnten, Versäumnißkosten erhalten haben! Dazu kommt noch, daß nach der ganzen Fassung jeder mit den Einrichtungen des allgemeinen Verbandes nicht vertraute Leser glauben muß, alle diese Unkosten (Reisekosten, Tagegelder, Versäumnißkosten) für den Besuch der Unterverbandstage habe nicht der allgemeine Verband, sondern die Kasse des betreffenden Unterverbandes zu tragen!

Die Dreistigkeit, mit der Dr. Glackemeyer solche unwahre Verdächtigung jener vier Männer und der gesammten Finanzverwaltung des allgemeinen Verbandes von 1869 bis heute schwarz auf weiß in die Welt zu senden wagt, übersteigt in der That das Maß dessen, was die deutschen Genossenschaften ihm zuzutrauen sich gewöhnt haben.

Charlottenburg, Mai 1895.

Druck von A. W. Hayn's Erben in Potsdam.

Kolibri 360 GmbH
Ferdinand-Jühlke-Straße 7
99095 Erfurt, Deutschland
produktsicherheit@kolibri360.de